# 资管不可能这么有趣

方铭辉 著

中信出版集团 | 北京

图书在版编目（CIP）数据

资管不可能这么有趣 / 方铭辉著 . -- 北京：中信出版社，2019.7（2022.3重印）

ISBN 978-7-5217-0689-5

Ⅰ. ①资… Ⅱ. ①方… Ⅲ.①投资—基本知识 Ⅳ. ①F830.59

中国版本图书馆CIP数据核字（2019）第105068号

资管不可能这么有趣

著　　者：方铭辉

出版发行：中信出版集团股份有限公司

（北京市朝阳区惠新东街甲4号富盛大厦2座　邮编　100029）

承 印 者：北京诚信伟业印刷有限公司

开　　本：787mm×1092mm　1/16　　印　　张：13.25　　字　　数：120千字

版　　次：2019年7月第1版　　印　　次：2022年3月第6次印刷

书　　号：ISBN 978-7-5217-0689-5

定　　价：49.00元

前言

# 来一场和基金经理的约会

这是一本趣味性超过专业性的书。目的只有一个，让你轻松了解资管这事儿。

就在21世纪之前，中国人的理财方式还只有储蓄与购买国债，这甚至不能被称为理财。但是在此后的20年，资产管理行业飞速发展，基金、银行理财产品、信托、保险、私募等各类金融产品层出不穷，可以配置到股票、债券、货币市场以及海外市场。各类资管产品，规模在2017年年末就超过了100万亿元人民币。尤其是随着余额宝类的金融产品从线下被搬到线上之后，投资门槛“飞流直下三千尺”，客户流量则是“扶摇直上九万里”，覆盖客群已经超过7亿人次。看看你的资产配置，有没有各种货币“宝宝”？有没有各种银行理财产品和基金？有没有各类保险？其实，你早就被资管产品包围了。

但你真的了解资产管理这个行业吗？在持有这些金融产品之后，你的钱都到哪儿去了？这些产品背后的投资逻辑是什么？在你享用犹如一道道菜式般的资管成品时，有没有冲动想到后厨看一看牛排是如何煎出来的？不过如果走进资管的后厨，你会发现根本不是那么简单，与其说是后厨，不如说是个飞机制造车间……我就是想通过这本书，以最简单的语言，让你看懂资管这部飞机是怎么制造的。因为这事关每一位乘客的生命安全，你有权利知道。

试想，如果你有机会与自己持有的一只表现不错的基金的基金经理共进晚餐，除了问他/她结婚了没有？你还会想问些什么问题呢？

一只基金是如何诞生的？

基金公司内部是如何运作的？

基金经理的日常是什么样子的？

怎么选基金？

基金经理会买银行理财产品和信托吗？

如何买保险呢？

私募是怎么玩的？

资管新规是个什么鬼？

应该如何配置自己的资产？

你可能有很多很多关于资产管理的问题，而这些问题其实大多会在这本书里给出答案。这本书里囊括了资产管理的各个领域，包括公募基金、基金专户、银行理财产品、信托、保险和保险资管产品、券商资管计划、私募基金、年金和期货资管计划等。可能你早就知道这些产品了，或者已经持有了，但你想知道它们是怎么运作的吗？

不妨随着这些问题走进资管机构，零距离接触基金经理，你会发现：资管不可能这么有趣！

## 第七章　自成一派的券商资管



## 第八章　缔造资本的私募基金



## 第九章　境外资管也疯狂

第一章

# 剥开资管的神秘外壳

## 高大上的资管

资产管理（简称资管）——从诞生伊始，就披着华丽的外衣。记得一次和一个在北京金融街某一线投行实习的小师弟聊到工作，我问他实习结束想去哪个部门？他毫不犹豫地答，当然是 AMD。AMD 是资产管理部（Assets Management Department）的简称。我问为什么？他说就是觉得在 AMD 工作很酷啊，可以管理几十亿元的资产。

如果说金融业是让众多白领神往的皇冠，那么资管就像皇冠上的宝石。马斯洛梳理了人类不同层次的需求。与之对应，在社会演进的过程中，似乎也有着类似的需求分层。必须先有农业，因为人要先吃饭；然后再有工业，因为人要穿衣服、要住房子、要开车子；而后再有服务业，因为吃饱穿暖的人此时会有更多的需求，比如教育、运动、美容、理财；最后是艺术，在物质极大丰富后，人们开始追求精神世界的释放和愉悦。金融属于服务业的一种，由于从事金融业相对于餐饮、美容等服务业所需要的综合知识水平更高，也因金融业的平均收入水平更高，而令人向往。尤其在物质还未极大丰富，人们还不能全身心地追求艺术和自我个性的社会阶段，财富积累成为人们的主要追求目标，金融业便愈加璀璨。金融业起源于借贷，壮大于股权，但在今天这些都已是传统业务。资产管理作为金融业的新宠，汇集万千社会财富于一指之间，怎能不令人浮想？

的确，基金经理端着咖啡，坐在挂着四个屏幕的办公桌前，手中转着签字笔，深入思考决策的样子令人神往。但是，又有多少人知道在这华丽外表的背后，他们真实的样子？他们工作的日常是什么样？剥去高大上的外表，他们的内心承受了多少压力？近几年，基金经理因压力过大而英年早逝的新闻不绝于耳，基金经理已然成为一个高危职业。

基金经理只是资管行业的角色之一。如果说资产管理是一盘佳肴，那么基金经理就是烹制佳肴的主厨。除了主厨，还需要有人设计菜式，相当于资管行业的产品设计岗。为了做出一盘菜，也需要有人去采购食材、清洗和加工食材，还需要有人做好餐厅的装饰、备好餐具，这相当于资管行业后台的运营与行政岗。一切就绪，为了招揽食客，还需要前台服务人员来招待客人，这相当于资管行业前台的市场与渠道岗。

要想知道一盘菜是如何做出来的，最好的办法就是走进后厨一窥究竟。这本书里，我会用最简单易懂的语言，带你走进资管的后厨，全方位地了解资管的内部世界。

## 资管是一道菜

首先，为了让一些问题更加浅显易懂，这本书中我会大量使用比喻的方式来解释各种专业概念，而不是直接给出定义。

资产管理好比餐厅做菜。当人们的收入仅能满足生活所需时，都会选择自己做饭，而不是去饭店。原因很简单，因为没有多余的钱。但是，随着收入水平的不断提高，人们有了更多的需求，于是愿意去餐厅享受专业厨师烹制的菜肴。同样地，资产管理行业也是随着国民收入水平的提高而不断发展的。人们最初有了收入的结余，会选择最保守的方式，存在银行。当结余越来越多，就出现了更多的选择，催生了资产管理行业。

如果按照定义，资产管理业务就是资产管理人接受委托人的委托，按照协议约定的投资范围、条件、要求和限制，以资产的保值与增值为目的，为客户提供委托资产的投资，并收取管理费的行为。

是不是很无聊？如果我们也这样定义饭店做菜，那将会是：餐厅接受食客的委托，按照菜单约定的菜式、口味和要求，为食客烹饪菜肴并收取费用的行为。

所以我会尽量写得更通俗。饭店就是给食客做菜，而资产管理就是代客理财。无论是饭店做菜还是资管理财，都属服务行业。有人会说，我可以自己在家做饭，但是在家做饭可能会占用太多的精力，也可能会做得不可口。而饭店的专业厨师则会解决这些问题。虽然有的时候，饭店的饭菜未必有自己动手做得好吃，但那只是极个别情况。专业化分工是社会进步的体现，可以提高整个社会的效率。小到做一顿饭，大到管理数十亿元的资产。

## 了解资管对你有什么用?

资产管理是个专业领域。既然由专业的人做专业的事符合更高效的社会分工，那么非资管专业人士又何必费时间了解资管呢?其实不是这样。汽车也是一个专业领域，人们不需要知道汽车是怎么制造出来的，但如果要购买汽车，至少要知道什么样的汽车适合自己。

所以，了解资管可以使你更全面地了解如何购买理财产品，也可以让你知道什么样的金融产品适合自己，能让你判断理财顾问的建议是否符合自己的情况。此外，资管本身也很有趣，虽然看起来高大上，而实际上却没有那么复杂。接下来，我会用简单的语言把资管层层剥开，带你走进这个神秘的世界。

了解资管，还能完全打开你对金融的认知，让你知道金融的逻辑。金融始终贯穿着每一个人的生活与工作。小到刷一次信用卡，大到经营一家上市公司，其实我们都离不开资管。你知道自己信用卡的贷方资产会被银行统一打包成 ABS（资产证券化产品）出售吗?你知道一家公司从成立到上市所经历的股权和二级市场融资的过程吗?

而且，了解资管本身也是一件很酷的事，不是吗?

## 资管的盒子里装了啥?

可以说，凡是把金融资产（包括现金和证券）交给专业管理机构进行投资的，大体都可以算资产管理。其实在广义上，自己投资也算资产管理，这里的自己包括企业和个人，但本书所说的资产管理，主要指代客理财。

商业银行的理财产品、公募基金、信托计划、资产管理计划、投资连结保险、私募投资基金、期货资管计划，以及社会保障基金和年金，都是资产管理的范畴。

一个国家的国民收入越高，资产管理的需求就越旺盛。近年来，随着中国国民收入水平的提高，资产管理行业获得迅速发展。据统计，2016 年中国的资产管理总额已经突破 100 亿元人民币，不过这个数字里包含了一部分因嵌套投资而重复计算的资产，如果剥离这部分资产，资产管理总额大约在 60 万亿元左右，与当时的国民个人存款总额相当。至于什么是嵌套，我在后文会讲到。

如果资管是一个盒子，那盒子里都装了些什么呢？或者说，资管的资金都投向什么地方了呢？不同的资管产品会有不同的投资范围。公募基金主要投资于标准化市场，主要包括二级股票市场和债券市场，也包括货币市场。私募基金则主要投资于未上市股权。银行理财产品在资管新规前主要投资于银行表外资产（至于什么是资管新规，我在后文会专门介绍），被简称为“非标资产”；资管新规后，投资方向逐步向标准化市场转变。外汇、黄金、原油、天然气、大宗商品也是常见的资管投资标的。还有一些另类投资，投向红酒、艺术品等商品。

## 剥开资管的神秘外壳

螃蟹很美味，但要吃到蟹黄，必须先剥开螃蟹的壳。不然你只能看到它张牙舞爪、横行霸道的外表。

资管看起来高大上，充满神秘感，但剥开资管的外壳，你会发现这是一个简单而有趣的世界。

剥开资管的壳，你会发现每家资管机构都有整齐的三大职能板块：找钱的，管钱的，分钱的。这三大职能业务分别对应着资管的前台、中台和后台。

找钱的就是前台，也就是销售。前台有多重要？前台是一家资管机构成立的根本，因为没有钱，你的投资再厉害，根本也是形同虚设。没有人把钱给你管，你连开始都做不到。有句话说得好，“巧妇难为无米之炊”，如果说投资人员是巧妇，那么前台人员就是丈夫。只有丈夫出去扛了米回家，打了猎回家，巧妇才能做出菜肴。至于做得好不好是后话，你首先得有米下锅。

管钱的是中台，主要是投资，发展到一定程度，还会细分出产品、交易和研究，部分资管机构也会把风控放在中台。中台是一家资管机构的核心。一旦一家资管机构步入正轨，能不能做大，能不能基业长青，主要看投资是不是能够超越广大竞争对手，树立一个良好的品牌。一家餐馆，如果能成为百年老店，那很大程度上是因为菜做得好吃。资管机构同样如此。

分钱的是后台，或者说是算账的。后台是一家资管机构运作的保障。资产管理的终极目的是使资产委托人的资产实现增值，当投资运作完成后，就要进行收益分配，资产增值几何？该分多少？这就是后台要做的事情了。一家资管机构业务上的后台主要是财务和会计，负责份额登记、投资划款、会计计算、出具投资报告等事务。业务之外的后台还会有一些保障部门，例如人力资源和行政事务。

前台、中台、后台，相互依存，缺一不可。至于前中后台的具体工作，我会在后文的章节一一详解。

## 资管行业的参与者

资产管理隶属于金融业范畴，因此其参与者基本都在金融监管的框架下。

如果按照资产管理机构的体量进行排序，截至 2018 年年末，资产管理规模最大的机构是商业银行。商业银行理财产品的规模体量大概是 30 万亿元。其次是信托，全国 68 家信托公司的总管理资产规模大约为 23 万亿元。再次是保险，保险机构是个比较特殊的资产管理机构，因为保险的业务逻辑与资产管理并不完全相同，保险的本质并非“代客理财”，而是“风险分摊”，但保险业的巨大资金，却仍然按照资管的规则在这个市场中运作。其机构的设置、运作的模式都与资管无异。而且，保险业中的投资连结保险实质上也属于资产管理的范畴。保险资产的规模体量大概是 18 万亿元。这三大资管巨头都隶属于中国银行保险监督管理委员会（简称银保监会）监管。

接下来是基金管理公司、证券公司和私募基金，这些机构都隶属于中国证券监督管理委员会（简称证监会）监管。证券公司的资管规模大概是 14 万亿元。在资管领域，人们习惯于把公募基金和基金专户产品剥离开来分别看待。如果按照这个口径，公募基金的规模大概是 13 万亿元，基金管理公司及其子公司的专户资管规模大概是 12 万亿元。私募基金管理机构的资管规模大概是 13 万亿元，与公募基金基本持平。全国社保基金的规模大概是 2 万亿元。期货资管计划的规模大概是 2 000 亿元。值得一提的是，2018 年 4 月末，随着资管新规的落地，证券公司的资管规模和基金专户资管规模开始快速压降，秩序将被重建，市场也将被重分。

在资管世界，最常见的对业务的划分方式是先按照资产管理机构做第一次划分（比如由基金管理公司还是商业银行发行的），再按照产品大类做第二次划分（比如是基金公司发行的产品，那是公募基金还是一对多专户资产管理计划），而后按照产品细类做第三次划分（比如公募基金，是股票型基金，还是债券型基金），之后还可以按照投资做更细致的划分（比如股票型基金，是价值型、成长型，还是平衡型基金）。每一类产品都有自身的特点和投资门槛，把这些资管产品整理出来就得到表 1–1。

表 1–1　资管产品的分类与基础特征[1]

| 资管机构 | 资管产品 | 投资门槛 | 参与人数限制 | 产品成立门槛 |
|---|---|---|---|---|
| 公募基金公司 | 公募基金 | 1~1 000 元 | 下限 200 人 | 2 亿元 |
| | 一对多专户 | 100 万元 | 上限 200 人 | 3 000 万元 |
| | 一对一专户 | 3 000 万元 | 1 人 | 3 000 万元 |
| | 专项资管计划 | 合同约定 | — | — |
| 证券公司 | 公募基金 | 1~1 000 元 | 下限 200 人 | 2 亿元 |
| | 大集合资管计划 | 5 万 ~10 万元 | 上限 200 人 | 1 亿元 |
| | 小集合资管计划 | 100 万元 | 上限 200 人 | 3 000 万元 |
| | 定向资管计划 | 100 万元[2] | 1 人 | 100 万元 |
| | 专项资管计划 | 合同约定 | — | — |
| 商业银行 | 公募理财产品 | 1 万元 | 下限 200 人 | — |
| | 私募固定收益产品 | 30 万元 | 上限 200 人 | — |
| | 私募混合型理财产品 | 40 万元 | 上限 200 人 | — |
| | 私募权益型理财产品 | 100 万元 | 上限 200 人 | — |
| 信托公司 | 集合信托计划 | 100 万元 | 上限 200 人 | — |
| | 单一信托计划 | 合同约定 | 1 人 | — |
| 保险资管公司 | 公募基金 | 1~1 000 元 | 下限 200 人 | 2 亿元 |
| | 保险资管产品 | 30 万元 | 上限 200 人 | 5 000 万元 |
| | 保险专户 | 合同约定 | 1 人 | — |
| 私募基金 | 有限合伙型 | 100 万元 | 上限 50 人 | — |
| | 契约型 | 100 万元 | 上限 200 人 | — |

1. 表格内各类产品的投资门槛、参与人数限制和产品成立门槛数据根据本书出版时的市场情况整理，未来可能会因相关法规、管理办法的更新以及市场情况的变化而调整。
2. 虽然证券公司定向资管计划的法定投资门槛为 100 万元，但出于成本考虑多数证券公司都会将实际投资门槛设定在 500 万元以上，部分证券公司会设定 2 000 万元以上的投资门槛。

后面的章节，我会分别揭开各个资管机构以及各类资管产品的神秘面纱，看看资管到底多有趣？

第二章

# 时代之印，资管新规

## 大资管时代

没有规矩，不成方圆。任何游戏都需要规则，资管也需要有自己的“规”。但是资产管理对于中国来说是个新兴行业，真正标准化意义上的资管，是随着1998年公募基金的诞生而开启的。在此之前其实也有很多证券公司和民间基金在做类似资产管理的事情，却没有一个统一的“规”。早期的资管机构出现了一些侵占投资者权益的行为，比如将客户资金和自有资金混同起来操作、不按照真实投资盈利给客户派发收益、非法挪用客户资金，再如庞氏骗局。为了杜绝这类情况，我国监管机构颁布了《中华人民共和国证券投资基金法》(以下简称《证券投资基金法》)。此后，公募基金有了自己的“规”，但各类资产管理产品仍然层出不穷，其中有相当一部分产品并不在《证券投资基金法》约束的范畴内，比如银行理财产品。于是，资管行业需要一个更宽泛的规则，把所有资管产品都包含进来，这就有了“资管新规”。说到资管新规，我们必须从银行理财说起，因为银行理财的发展，在资产管理行业撑起了一个具有鲜明特点的时代，史称“大资管时代”。

2005 年，我国银行理财产品诞生。自诞生起，就一发不可收拾，其规模发展速度远超公募基金。为什么会这样呢？因为商业银行有着两项无与伦比的优势，那就是信用和网点。

信用是银行的生命。人们对银行信用的依赖早已超过自己的想象。对于很多人而言，把钱存在银行甚至比放在家里更让人安心，这就是银行信用的体现。银行是现代社会一切经济活动结算的基础平台，如果银行系统停止运转，那么整个社会将会瘫痪，其威力甚至不亚于电力系统的中断。所以英国干脆把国家法定假日以“Bank Holiday”来命名，即“银行假日”。你没有理解错，这个假日其实就是字面上的意思，就是指银行放假不营业的日子。银行一放假，大家连生意都没法做了，于是全社会也就放假了。这些假日自 1871 年被承认，每年由英国政府公布 Bank Holiday 的日期。银行的信用如此之高，以至于银行卖的产品也享誉了极高的信任度。客户认为，在银行购买的理财产品，是一定能够兑付的。于是就有了刚性兑付，简称刚兑。

网点就是遍布城市甚至农村各个角落的银行营业机构，也被称为支行。人们能够前往任意一家机构办理银行相关的业务，包括购买理财产品。银行庞大的机构网点体系为银行带来了成千上万的客户。当银行发行理财产品时，客户就会来购买，就像以前发行国债时，人们也会到银行排队购买。

银行最初发行的理财产品是什么呢？其实就是把客户的资金投向银行的老本行——信贷资产。信贷业务是银行最基础的业务，本质上和贸易商人做买卖是一样的。比如葡萄酒酒商以每瓶15欧元的价格从葡萄牙进货，然后以每瓶20欧元的价格出售到英国市场，每瓶赚取5欧元的差价。银行呢，以比较低的利息吸收客户的存款，然后以比较高的利息把钱借给需要的企业或者个人，这之间的利差，就是银行的利润，被称为息差收入。那么问题来了，酒商如果只有15万欧元，他就只能进1万瓶葡萄酒，他如果想再多进一些酒怎么办？他可以找银行借钱。那银行呢？如果一家银行吸收了1万亿元的存款，就没办法放出超过这个金额的贷款，如果银行要赚取更多利差，怎么办？银行可以找央行借钱、找同业拆……的确，这些都是办法，但都是有限度的。于是，银行想了一个聪明的办法，利用信用和网点两项优势，发明了理财产品。客户来银行购买理财产品，银行再用这些理财资金去发放贷款，钱就越来越多了。

但是银行并没有发觉这背后的风险。银行之所以大而不倒，因为有着《巴塞尔协议》做约束，有着中央银行做后盾，有着监管机构进行监管，甚至有着国家信用做支撑。银行发放贷款，需要满足一系列的先决条件，保证其资产负债表的良性运作，保证其有能力支付所有客户的存款本金和利息。但是理财产品所吸收的资金并不是存款，而是直接对应着信贷资产，而且是脱离银行资产负债表的，因此也被称为“表外资产”。如果银行理财产品出现问题，客户是会遭受直接损失的。但客户似乎并不知道这一切，客户只看到了银行理财产品的收益远远高于储蓄存款，却没有意识到风险其实也被放大，或者说客户愿意相信银行是可以刚性兑付的。而监管机构则注意到了其中的问题，虽然银行理财产品可以提升收益，但其实是银行在一定程度上将本应自己承担的信用风险转嫁给了客户。于是，监管机构开始规范银行理财业务，并印发相关管理办法要求银行不能直接用理财资金去发放贷款。

## 通道业务和影子银行

金融监管一直鼓励创新。创新可能带来生产力的发展，同时也可能伴随着风险。监管的角色是在创新的过程中把握尺度与方向，去伪存真。商业银行的理财业务，也在不断创新。在监管要求不能直接用理财资金去发放贷款之后，银行仍然在寻求一个合规发展理财业务的路径。银行想出了一个办法，它找来了一个同样能发放贷款的亲兄弟——信托公司。银行把募集的理财资金委托给信托公司，通过信托公司发放贷款给信贷资产项目。这个模式叫作“银信合作”。

比起之前银行直接用理财资金对接信贷资产的模式，“银信合作”的模式将最后的放款人由银行变成了信托公司，对风险的控制也由原来的银行一个角色变成了银行和信托公司两个角色。虽然“银信合作”与之前的理财模式在本质上没有差别，但确实能在一定程度上缓释风险。监管机构对这一模式进行了一段时间的观察。不过，这种模式发展的速度过于惊人，虽然比起此前银行直接通过理财资金对接信贷资产的模式加上了一道“安全带”，但如果车辆本身行驶的速度过快，本质的风险仍然存在。为了规避理财业务规模扩张过快可能带来的系统性风险，监管机构对业务进行“限速”，中国银监会[1]出台了相关管理办法，约束了“银信合作”这种模式。

由于银行理财产品比储蓄存款收益更可观，故而受到了客户的青睐。为了留住客户，银行还在继续寻找既合规又能推动业务发展的创新之路。没有多久，一个新的模式诞生了。银行把理财资金转化成证券公司或基金公司的资产管理计划，再由资产管理计划去投资信托计划，信托公司用信托计划去发放贷款给银行的信贷资产项目。这个模式叫作“SOT 模式”。这个模式通过引入证券公司和基金公司，使得防范风险又多了一道保障。

“SOT 模式”的本质与“银信合作”其实是一样的，就像在车辆上加装了安全带之后，又添加了 ABS（刹车防抱死系统）、EBD（电子制动力分配）和 ESP（电子稳定程序）等系统。但是再多的被动防护系统，也并不能够抵御速度带来的风险。而且，虽然银行理财通过引入信托公司，又引入证券公司和基金公司，在一定程度上加强了风险防护，但研发这些模式的初衷也有规避监管之嫌。毕竟，商业银行和信托公司在当时同属中国银监会监管，而证券公司和基金公司由中国证监会监管，在监管边界上的扩大，也增加了“SOT 模式”的监管难度。

1 在 2018 年以前，中国银监会和中国保监会分属于两个监管机构，尚未合并为中国银保监会。

于是以商业银行为核心的信贷业务出现了两套体系：一套在银行表内，受到严格的监管；另一套在银行表外，由银行发行理财产品，通过层层通道实现信贷投放，所以表外业务有了一个形象的名字——“影子银行”。

影子银行带动了信托公司、证券公司、基金公司、保险公司的资产管理业务，大量的资产通过买入返售票据、信托受益权转让、同业代付、保险协议存款等方式形成资管计划，参与到大资管时代的红利分配之中。从表面上看，大资管时代所有的参与者似乎都是赢家，银行盘活了客户的资产，被投企业得到了资金，负责通道的资产管理机构业务获得了前所未有的快速发展，投资者也享受到了可观的收益，幸福指数显著提高。而所有的参与者似乎都忽视了一个问题，就是风险。一旦出现风险，“游戏里”的赢家可能全部变成输家。在所有的参与者都在享受盛宴之时，只有监管机构在一边冷静地观察着事态的发展并思考着如何有效控制风险。不可否认，影子银行的存在对社会融资是有一定正向作用的，但是在多层嵌套的通道中也会形成资产空转，并衍生出未知的连环风险。大资管时代就像青春期的孩子，监管机构既需要兼顾孩子的成长，又要时刻把握好教育尺度，确实是一件不容易的事。

## 非标资产

非标资产，就是没有标准化的债权资产。标准化资产是在银行间市场或者交易所按照一定规则公开交易的资产，就像我们去正规超市买东西，所有的商品都会明码标价，选好商品后直接扫码结账。一样的商品，一样的价格。你不会花同样的钱买到两瓶不一样标准的可口可乐。而非标资产则类似选购珠宝或玉石，价格不透明，而且你很难找到两块完全一样的玉石。即便两块玉石价格相同，其品质、成色也必然存在差别。

非标资产包括信贷资产、信托贷款、委托债权、承兑汇票、信用证、应收账款、各类受益权、附带回购条款的股权融资等。公开市场的标准化商品的价格由市场供求和商品质量决定，标准化资产也一样。而珠宝、玉石等商品的价格其实在零售环节是无规则的，这些非标资产也很难用统一的尺度来衡量其公允价格。很多时候这些资产的质量与风险只有经手的第一参与方了解，甚至连后面的通道方都很难说清楚。

这会带来什么问题呢？这些非标资产通过通道业务最终被包装成理财产品销售给商业银行的客户，客户以为这些理财产品像存款一样安全，而实际上他们持有的产品后端对应的是这些非标债权。如果债权到期无法兑付，那么银行将没有办法归还客户购买理财产品的本金和收益。当然，大多数银行自身是有严格的风控措施的，甚至有的银行对于理财资金对接非标资产的管理要比授信项目更加严格，因为比起信用风险，声誉风险对银行的影响可能更加深远。但各家银行的管理尺度不同，而客户却缺乏对银行理财产品的判断能力，大多数客户能看懂的就是哪家银行的理财产品的收益更高一些。

## 池

非标资产要被包装成理财产品出售，会面临一个问题：一笔非标资产的期限是3年，而银行客户更喜欢3个月期限的理财产品，因为3个月期限的理财产品流动性更高，资金的可支配性更强。如果一个理财产品的期限是3年，即便收益再高，很多客户也会望而却步。因为3年中万一要买房、买车呢？万一要结婚呢？万一家里有人需要看病呢？那么如何把一大堆期限是若干年的资产销售给理财需求是几个月的客户呢？其实有个简单的方式，好比蛋糕房做了一个大蛋糕，来买蛋糕的人都只想要一小块儿，最简单的方式就是把蛋糕切开来卖。银行也是这么做的，把3年期的非标资产切分成12期每期3个月的理财产品卖给客户，利息也拿出来均分，形成一个期限接龙游戏。这被称为期限错配。

问题真的解决了吗？其实没有。这里有两个关键问题：首先，把一个10亿元的非标资产切分成短期理财产品销售，一开始10亿元的产品全部卖出去了，第二期亦然……等到了第n期时，股市大好，投资者都投向股票和基金等产品，而这期理财产品只卖出2亿元，剩下8亿元的缺口怎么办？这就是理财产品断档了。其次，还有一个更重要的问题，看似均分的每一期理财产品其实风险是不均的。和切蛋糕不一样的是，蛋糕是一个单维度的物体，一个大蛋糕切成12块儿，每一块儿基本是一样的。而理财产品还有时间这一维度，时间维度会叠加风险。随着时间的推移，资产的信用风险会逐渐暴露。比如，一笔3年期的资产，也许到最后一年债务人的报表出现严重问题，信用风险才会暴露。但是，理财产品的前8期已经兑付了本息，资产的风险很可能在第9期理财产品上暴露，甚至到最后一期。这能被称为等分吗？显然不能。

银行针对以上问题，又提出了一个新的解决方案。银行做一个池子，把很多期限不同的资产都放进去，使期限接龙游戏从资产端就形成，而不是在理财端形成。这样，池子里的资产会形成一个大的账本，理财资金和资产不再是一一对应的关系，而是形成多资产入池、多理财资金出池。而且池子里的任意资产出现风险，只要池子够大，其他的资产收益会掩盖或者填平暴露风险的资产。这个池子，被称为理财产品的“资产池”。

看似聪明的游戏，却隐藏着风险隐患。每家银行的资产池都是一个影子银行，里面装了什么，只有每家银行自己知道。每家银行的风险尺度不一样，资产管理能力也不一样。从客户的角度，只能对比理财产品表面的收益率，却不能识别产品背后的风险。

## 资管新规

大资管时代在一定程度上改变了以往银行通过存贷款经营风险，获取息差收入的业务逻辑，银行将自己变成一个项目中介，将资产通过通道的层层包装后变成理财产品销售给投资者，提高了收益，同时也转嫁了风险。而监管机构对银行理财产品始终保持着高度关注。虽然在整个大资管时代这一体系的运作并没有出现太大的问题，不过一旦经济出现下行，在一些行业出现系统性风险时，大规模的债务违约将可能引发连环问题，导致局面失控。监管机构未雨绸缪，防患于未然，决定对资产管理业务进行大尺度的整改。

监管机构推演了最悲观的情况。刚性兑付不过是资产池在“良性”运作时的假象，一旦逾期无法兑付的资产不断增加，整个资产池就会“爆池”，到时所有客户都将为此买单。轻，则是一家银行面临破产危机。也许有的银行会认为，“我在销售理财产品时已经向客户充分揭示了风险，出现问题的是表外资产，风险由客户买单，并未伤及表内，我不会破产”。但是，一家银行的生命是什么？是信用！而不是银行的那张表。如果某银行理财产品无法兑付被口口相传，那么比这家银行的资产负债表出现问题更加可怕。重，则是当某个产业甚至整个经济出现问题时，所有银行的资产池都将面临“爆池”，这些问题会通过层层嵌套的通道像多米诺骨牌一样传导到每一个理财客户，百万亿元级别规模的资产如果崩塌，届时整个社会都将面临一场浩劫。

2018 年 4 月 27 日，我国监管机构颁布了“资管新规”。通道业务虽然通过多家资管机构过滤风险，但其实质也存在利用不同监管机构之间的职责边界进行监管套利之嫌。而这一次，由中国人民银行、中国银保监会、中国证监会、国家外汇管理局四部委联合发布了《关于规范金融机构资产管理业务的指导意见》。这就是被称为整治大资管时代的资管新规，同时它也开启了一个规范化、标准化、净值化的新资管时代。

资管新规的核心要求可以用 15 个字概括：破刚兑、净值化、去嵌套、禁保本、限杠杆。

可能很多人会有疑问，刚性兑付不是挺好的吗？确定的年化收益率不是挺好的吗？保本理财不是挺好的吗？为什么要有资管新规？要想真正理解资管新规的意义，我想借用一艘举世闻名的邮轮——泰坦尼克号来说一说。

## 永不沉没的泰坦尼克号

泰坦尼克号是英国白星航运公司的一艘超级邮轮，在其下水的时代，是全球排量最大、设施最豪华的邮轮。泰坦尼克号的排量达到 4.6 万吨，长度达到 269 米，相当于两个标准操场拼起来的长度。也正因其足够巨大，在其出厂时就被冠以“永不沉没”的称号。1912 年，泰坦尼克号的处女航举世瞩目，然而这艘永不沉没的邮轮正是在处女航中因为撞击冰山而永远沉入了海底。在这次海难中，逾 1 500 人丧生，泰坦尼克号的沉没至今仍然是和平时期死伤人数最为惨重的海难。

事后也有很多推测，是什么导致这次惨痛的海难？主观上，人们认为泰坦尼克号“大而不沉”，就像如今人们认为银行“大而不倒”。客观上，泰坦尼克号根本没有配备足够的救生艇，才导致 1 500 多人葬身在遥远而冰冷的太平洋。简单来说，主观风险认知上的缺失，以及客观安全标准上的疏漏，酿成了一场千古悲剧。

大资管时代何尝不是如此？它就像一艘没有足够救生艇的巨型邮轮，驶向布满冰山的资本海洋深处。越来越多的人因为刚性兑付、收益可观而踏上这艘巨轮。但真的能够刚兑吗？答案其实很清楚，不能！就像泰坦尼克号并不会“永不沉没”，当冰山足够大时，再大的船也不过是一叶轻舟。这个刚兑，其实是假性刚兑，当风险集中暴露时，巨轮就会沉没。

回到资管新规，它的意义在于，从主观上让人们知道包括银行理财产品在内的所有资产管理产品都不能刚性兑付，都不能保本保收益，投资者需要时刻清醒地认识到这一点。这就是破刚兑、禁保本。从客观上，新规要求每一款资管产品都配备足够的“救生艇”，并具备相应的安全标准。这就是净值化、去嵌套、限杠杆。于是，在新资管时代，所有资管产品都有清晰的投向，都能够得到正确的计价，都可以充分揭示真实的风险。有且唯有这样，当人们踏上这艘新的邮轮时，才能享受更安全、更踏实的旅程。也许，这艘新的邮轮不如泰坦尼克号看起来那般巨大豪华，但这艘新的邮轮，才能够承载着亿万人的财富，驶向更加遥远的海洋。

第三章

# 遇见公募基金

## 公募基金与汽车

公募基金，全称是公开募集证券投资基金，在美国也被称为共同基金（mutual fund）。公募基金是一种利益共享、风险共担的集合投资方式，以公开方式向社会公众投资者募集资金，并集中进行股票、债券、货币等投资，以获得投资收益和资本增值。

因为公开募集的性质，公募基金在全球范围内都是资产管理行业中受众最广的一类产品，也是高度标准化并且监管最规范的一类产品。虽然我国在改革开放后资产管理行业早就有各种迹象和实践，但公认的资产管理行业的标志性起源，是1998年公募基金的诞生。

如果想更简单地理解公募基金，我们可以把它视作一种商品，比如汽车。人们买汽车的目的是方便出行，买公募基金的目的是实现资产增值。

当人们有使用小汽车的需求时，首先想到的是去购买一辆小汽车，而不是自己生产一辆。因为生产一辆汽车需要专业技术和生产设备，一般人是不具备生产汽车的能力的，于是人们选择直接购买这个商品。按照亚当·斯密在《国富论》中的观点，把专业的事情交给专业的人来做，社会效率会更高，成本会更小。显然，买一辆汽车比自己造一辆汽车要简单得多，消费者只要简单了解自己想要什么功能、什么品牌的汽车就好了，而不需要了解发动机是如何制造的。

投资公募基金也是一样的，投资者只要了解自己的财务状况、投资需求、风险承受能力就可以了，而不需要了解股票和债券等金融工具的具体运行机制。当然，对于拥有一定金融专业基础的投资者来说，与其将公募基金比作汽车，就不如比作做饭更加贴切了。人们可以选择自己在家做饭吃，也可以选择去饭店吃饭。在家做饭可能会占用太多的精力，也可能做得不好吃。而饭店的专业厨师则会解决这些问题。虽然有的时候，饭店的饭菜未必有自己动手做得好吃，但那只是个别情况。

## 投资公募基金能赚钱吗?

投资公募基金是为了实现资产增值。从全球视角看，公募基金是能够为投资者实现资产增值这一目的的。但是公募基金在中国的 20 多年的历史中，个别投资者的体验似乎不那么好，赔钱的基民也不少。那么，到底投资公募基金能不能赚钱呢?

先说答案：能。

选取中国2005—2015年作为时间区间，期间经历过大牛市和大熊市。根据中国证券投资基金业协会官方网站的数据，2015年年末中国公募基金数量为2 722只。根据万得资讯统计，在这11年间，这2 722只基金的平均年化收益率为19.2%，而且除了2008年和2011年公募基金平均收益率为负（亏损），其他的9年平均收益率均为正（盈利）。

中国市场上也有很多存续时间超过10年，累计净值超过10元的公募基金。比如2004年成立的公募基金“华夏大盘精选”，截至2018年年末的累计净值是15.09元。累计净值超过10元是什么概念呢？每一只基金发行时的单位净值都是1元，如果持续持有这只基金，当净值达到10元时，就是实现了10倍的资产增值。如果持有时间是10年，那么基金的平均年化收益率就是29.15%。因此，长期持有基金是能够赚钱的。

但是为什么很多投资者没有赚到钱呢？还是拿汽车打比方。如果人们购买的汽车，没开多久就出了问题，还需要花时间和成本返厂修理，这就和买了公募基金却赔了钱的情况比较相似。剔除主观选择的因素，造成汽车出问题的原因无非两个：一个是汽车质量问题，一个是路况问题。其实就是微观个体问题和宏观环境问题。公募基金也是一样的，基金赔了钱，可能是这一只基金管理得不好，也可能是整个市场不景气。这两个问题，其实就是如何选基金和如何选择市场时机的问题。

## 基金如何分类?

公募基金的分类名目之多令人目眩，不过我们只需要知道核心分类就可以了。我们还是把公募基金比作汽车。按照功能与用途，汽车分为轿车、卡车、大巴车、面包车等；公募基金可分为股票型基金、债券型基金、混合型基金、货币基金等，这是按照公募基金的投资方向分类的，也是核心分类。当然，每一种功能的汽车还可以进一步细分，比如轿车还可以分紧凑型轿车（A 级）、中型轿车（B 级）、舒适型轿车（C 级）、豪华型轿车（D 级）、带有越野性质的运动型多功能车（SUV）等。同样，债券型基金也可以分为仅投资债券市场的纯债基金、可以投资股票一级市场的一级债基、可以投资股票二级市场的二级债基，以及可以投资可转债的可转债基金。

股票型基金指的是投资股票的比例在 80% 以上的基金。很多股票型基金会贴有“价值”“成长”“平衡”的标签，这是对股票型基金投资偏好的一种细分。我们把主要投资于价格被低估的股票的基金叫作价值型股票基金，主要投资于那些发展前景比较好、利润增长迅速的股票的基金叫作成长型股票基金，一部分投资价值股、一部分投资成长股的基金叫作平衡型股票基金。

债券型基金指的是基金资产 80% 以上投资于债券的基金。在中国，债券型基金的投资对象主要是国债、金融债和企业债。前文提到，债券型基金按照投资标的可以细分为纯债基金、一级债基、二级债基和可转债基金。债券型基金按投资久期策略的不同，可以分为长债、中债、短债、超短债等类型。

混合型基金可以理解为介于股票型基金与债券型基金之间的一种投资相对灵活的基金。根据混合型基金对股票与债券的投资比例和投资策略的不同，又可以分为偏股型基金、偏债型基金、配置型基金等类别。

货币基金指的是主要投资于短期货币工具的基金，短期货币工具的期限一般在 1 年以内，平均期限 120 天，比如国债、央行票据、商业票据、银行定期存单、政府短期债券、企业债券（信用等级较高）、同业存款等短期有价证券。实际上，这些货币基金投资的范围都是一些高安全系数和稳定收益的品种，所以对于很多希望规避证券市场风险的企业和个人来说，货币基金是一个天然的避风港，在通常情况下既能获得高于银行存款利息的收益，又保障了本金的安全。

## 基金公司是如何运作的?

本书第一章提及，每家资管机构都有三大职能板块：找钱的，管钱的、分钱的、而这三大职能板块分别对应着资管的前台、中台和后台。基金公司是最标准的资管机构，所以机构设置也完整地涵盖了这三大职能。不过在很多基金公司的分工中，会将管钱的进一步细分为投资和风控，就好比运动员和裁判。于是，一家体系完整的基金公司会有四大板块：市场、投资、督查、运营。这四大板块对应着四个管理头衔：首席市场官、首席投资官、督察长和首席运营官。详见图 3–1。

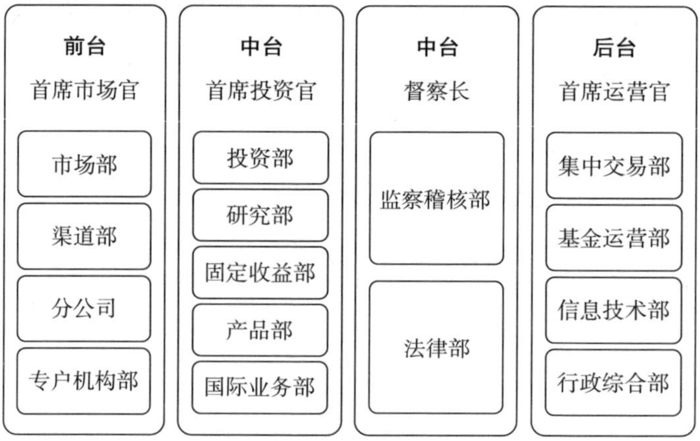


图 3–1　基金公司的四大板块

因为基金这一产品是抽象的，不那么好理解，还是拿汽车的生产销售线来举例子。生产汽车首先要有生产车间和生产设备，要招聘具备相应技术的工人，要采购生产汽车用的原材料，这些就是汽车企业的后台要为生产汽车做的准备。这就好比基金公司的后台，它们来实施交易，进行会计核算，提供行政支持。再来看中台，生产汽车的条件具备之后，要有人出具汽车设计图纸和生产流程，要有人来具体实施生产，同时，也需要有质量监督部门进行流程控制和质量检查。基金公司亦然，需要有产品经理设计基金产品，有投研人员研究股票或债券，有基金经理实施投资，同时，也需要有风控和稽核人员对投资以及其他行为进行督察。最后到了前台，生产好的汽车要销售出去才能实现价值，于是需要有 4S 店进行销售和服务，它们负责引导客户购买符合需求的汽车。基金公司也需要把基金产品销售出去，可以通过银行或证券公司的渠道进行销售，也可以通过网络平台或基金公司的直销渠道进行销售。

如此一来，一家基金公司的运作流程就非常清晰了。至于从更加微观的角度，基金公司每一个部门的职责如何、一只基金又是如何诞生的、它是如何让投资者的财富实现增值的，我会用下一个话题来诠释。

## 一只基金的诞生

地球上的大部分生物都有爸爸妈妈。如果说公募基金也有爸爸妈妈，那我认为基金公司肯定是基金的妈妈，因为一只基金从孵化、孕育、生产到哺育，其实都是由基金公司完成的。那么爸爸是谁呢？爸爸是另外一个重要的角色——托管银行。

托管银行就是一只基金的资金与交易的载体，同时托管制度也杜绝了基金公司舞弊的可能性，至于托管到底做什么，本书后文再做专门的解释。简单理解，托管银行负责给基金开户、存放资金、监督运作，同时也有销售义务。只有找到托管银行，基金公司才能把一只基金做出来；只有找到托管银行，基金公司才能去证监会拿到基金的“准生证”；等基金上线销售时，最给力的也是这个银行爸爸；而在基金成长运作的过程中，基金公司是主会计，托管银行是辅会计，双方每天对基金的净值进行核对。一个主生，一个主养，妈妈主内，爸爸主外，双方共同参与日常培养，养大了多少幸福的基金小朋友。

一只公募基金的生命起源于基金公司的产品部。产品部的本质是中台，但有的公司为了便于管理，也会将其放在前台，以便公司的产品能够更符合市场需求。一只基金诞生的理由可能有很多，比如基金公司要完善指数基金的产品线、战略合作的银行零售渠道需要一只短期债券型基金、基金经理认为当前的市场时机适合布局一只中小盘风格的股票型基金，再比如可能是根据机构客户提出的委外需求设计一只纯债基金。

当基金产品的基金类型、投资方向、目标客户等要素确定之后，就需要给基金“找爸爸”了。怎么给基金选爸爸？其实和人们择偶一样，首先爸爸得有足够的经济实力养家。自从 1998 年中国公募基金诞生之日起，“以销定托”就成为给基金找爸爸的第一原则。什么意思呢？哪家银行的销售实力强，就找哪家银行。所以四大国有银行都是理想的爸爸。不过才华也很重要，在 2013 年以天弘余额宝为代表的一批互联网货币基金诞生时，像余额宝这种基金，是需要托管爸爸具有一定的创新能力的，要改系统、要 24 小时在线服务、要配 T+0 等，需要倾注的爱太多，还需要爸爸有一定才华和魄力来陪伴孩子的成长。于是，一些中等规模的股份制银行逐渐开始闪光，它们愿意通过自己的创新能力帮助基金成长。

选好了爸爸，就进入下一步——签协议，领证。基金公司和托管银行把产品说明书、基金合同、托管协议等一系列法律文件准备妥当，就可以去中国证监会领“准生证”了。接下来的环节，就是十月怀胎的过程，包括等待证监会的备案函、各个渠道的预热、基金经理的路演、发行前的物料准备、发行档期的确定。拿到备案批复之后，进入发行阶段，这时基金公司的市场部和渠道部就进入攻坚阶段。它们需要以托管银行为核心渠道，同时在其他银行、证券公司、网络直销平台等机构铺产品销售线，发动基金公司各地的分公司，在销售机构的各个网点做好基金的募集工作。基金公司的市场部和渠道部要向各个销售机构的理财顾问宣讲这只基金的特点、优势、竞争力，以期待有个满意的销量。

基金募集期结束，资金会归集到托管银行提前为基金开立好的专用账户，一只基金宝宝就诞生了。诞生之后，基金进入建仓期和正常运作期，这时候就轮到基金经理接手了。

## 基金经理的日常

基金经理，巨额公募资金的操盘手，是一个在金融界被神化的角色。在美国电影《大空头》（*The Big Short*）中，导演刻画了华尔街赤脚基金经理迈克尔·布瑞（Michael Burry）投资的神来之笔。那么在现实资管世界里，真实的基金经理又是什么样子呢？他们是否能在资本市场呼风唤雨？他们的工作日常又如何？

在很多人眼中基金经理是金融行业很高大上的职位，然而实际上基金经理需要肩负常人所无法肩负的压力，以至于不少基金经理因过劳而英年早逝。为何会如此操劳？其实这和基金经理这个职业的性质有着密切的关系。基金经理这个职业，背负着他人的委托，他的每一个决策，都承载着千家万户的财富。基金经理是和市场打交道的，以股票型基金基金经理为例，主要工作就是选股票进行投资。但是基金经理选股票和个人炒股是大不相同的，这个不相同主要表现在自由度和随意度上。基金经理买股票，除了受到法律法规与基金合同条款的约定之外，基金公司内部制度也会有严格的约束。比如基金经理想要重仓某只股票，一旦超过所管理基金仓位的5%（具体数值各基金公司会有所不同），就必须向公司递交正式报告，阐述理由，获批后才能执行。同时，对于重仓的股票，基金经理有义务对上市公司进行实地调研，深入上市公司内部直接探访其经营运作情况。

对于选股的自由度，不同的基金公司会有不同的安排。一些基金公司给基金经理的自由度比较大，只要是基金经理看中的股票，在符合投资比例限制的前提下，都可以买。而一些基金公司有股票池的要求，基金经理只能从其研究部推荐的股票池中选择自己要买的股票，如果想买股票池以外的股票，那就要先写“入池报告”了。

再说说工作自由度。基金经理在交易时间里，所有通信设备是要上交的。为什么？因为要防止“老鼠仓”行为，即防止基金经理用短信通知家人进行“老鼠仓”操作的行为，这是一种违法行为。不过，基金经理可不是每天只坐在办公室看盘，他们出差也很频繁。日常出差的目的基本是三种：一是到上市公司调研，二是参加银行等渠道的路演，三是参加各种会议。

最后说说基金经理的养成。基金经理并不是在学校被培养出来的，而是在实践中逐渐成长并成为基金经理的。工作 5 年左右的研究员，如果工作比较踏实，都是有机会晋升为基金经理助理的。一开始他们不会独立掌管一只基金，而是管理某只基金的一部分仓位（例如 1 亿元）。一段时间后，如果业绩好，则会追加仓位；如果业绩不好，可能会被削减仓位。当业绩比较稳定，能够保持排名在同类基金中的半数以上位置的话（有的基金公司可能要求更高），就可以独立管理一只基金了。也就是自己拿到一只基金的绝大部分仓位或者全部仓位，正式挂牌成为独当一面的基金经理。还有很多基金经理是从商业银行的金融市场部门，证券公司的资产管理、固定收益部门，以及保险资产管理公司等同业机构发展的人才。

## 基金公司不会告诉你的秘密

对于大多数非资管行业从业者来说，了解资管是为了更好地理财。我们知道了基金公司的运作模式，那具体到基金投资时，又会面临很多具体的问题。比如很多人在买基金的时候，可能都有这样的经历：销售人员向你推荐产品时，宣称历史收益多么优秀、预期看好、基金经理是如何厉害……但最终的结果有时却不尽如人意，到那时销售人员要么以宏观市场为由进行解释安抚，要么干脆已经离职。其实这都是基金销售的套路，这里揭秘几个基金公司永远不愿意告诉你的秘密，让你能够火眼金睛，轻易识破这些套路。

**第一个秘密：**他们只拿好的业绩来说事儿，从不提那些不好的。你可能经常听到：我们去年权益类产品有 8 只基金的收益率都排在同类产品的前 10%，12 只产品跑赢大盘，有 3 只产品获得金牛奖。但你绝对没有听过：我们去年的权益类产品有 4 只在同类产品中业绩垫底，10 只产品跑输大盘，有 1 只产品净值腰斩。不得不说的是，每家基金公司类似的基金产品会有很多，一定有一两只业绩好的。但是这并非欺骗，比如汽车销售人员会告诉你，这辆车的百公里加速是 7.2 秒，有 10 个安全气囊，配有自动感光大灯和座椅加热，但他不会说这辆车没有配备 ESP 电子稳定系统，没有配备全尺寸备胎，没有配备倒车影像。所有的销售人员都只会展示自己有竞争力的一面，而那些劣势，则需要我们自己去比较和发现。

**第二个秘密：**有些基金经理只是产品代言人，实际操盘的人未必是他 / 她本人。基金业绩好是因为基金经理够优秀，这个道理似乎很容易被接受。于是，明星基金经理的产品会更受市场的欢迎。遗憾的是，基金经理的精力是有限的，一位基金经理能管好三五只公募基金已经是高负荷工作了，如果承载过大，则有可能会影响基金的业绩。而基金公司则用明星基金经理挂帅、其他基金经理实际操盘管理的策略，来解决这一矛盾。当然，有可能是由明星基金经理教出来的“徒弟”按照“师父”的风格进行投资，也有可能有部分份额确实是由明星基金经理操作。所以，有些打着明星基金经理品牌销售的产品，未必就是由他/她本人来操作的。

**第三个秘密：**明星基金更受优待，垃圾基金更受嫌弃。业绩越好的基金，越能壮大规模，就越受基金公司的优待；而业绩越差的基金，规模不断萎缩，甚至沦为垃圾基金。一些极端情况，垃圾基金会被公司作为向明星基金利益输送的工具。但是垃圾基金很好识别，一般是一些长期业绩差、规模小的产品，投资者在选择基金时，避开即可。

**第四个秘密：**处于募集期的新基金，别着急买。新基金的认购费一般会低于存续期的申购费，这是新基金的优势。但是不要忽略了新基金募集期的资金占用成本，有的新基金募集期长达1个月，资金可以先选择投资货币基金，等基金募集期进入最后一两天时再进行申购，两不耽误。试想，如果你打算认购10万元的基金，假设货币基金的平均7日年化收益率是3%，1个月的资金占用成本就是250元，虽然不多，但也够买一周的咖啡了。

**第五个秘密：**“新基金的净值低，成长空间大”，这个说法根本不成立。前文介绍了新基金发行时压力会比较大，有时会有销售人员建议你认购新基金，因为净值从1元开始，未来成长空间大。这个说法完全是错误的，因为基金的净值与基金的价值完全是两个维度的概念。基金的价值由基金的投资决定，并不由基金的净值决定。一只单位净值是5元的基金，未必在一定期限内就会比一只单位净值是 0.5 元的基金收益差。

## 如何选基金?

低买高卖的道理谁都知道，却没有人能告诉你哪里是低，哪里是高。基金的择时是一个很深奥的话题，用一本书也讲不完，所以在这本书里我们不谈择时，只谈谈在一个既定的市场环境下，如何选基金。

选择主动管理型公募基金，可以主要看三个要素：基金业绩、基金经理、基金公司。基金业绩建议尽量看长期，看看基金在近 3 个月、6 个月、1 年、2 年、3 年期间的投资业绩在同类基金里是怎样的水平。如果一只基金在不同的时段投资业绩都比较稳定，而且投资收益排在同类基金中相对靠前的位置，那么这只基金在未来一段时间也有更大的可能获得比较好的收益。

看完业绩之后，再看基金经理，首先，主要看基金经理的稳定性，是否连续执掌了一只基金，如果一只基金的基金经理经常变动，则未来业绩难以预期。其次看基金经理是否执掌了其他基金、管理的基金数量有多少、其他基金的业绩如何、是否普遍可以接受。最后看基金经理的从业经历，从业年限越长，基金经理的市场经验越丰富，经历的牛熊转换越多。自然我们也更有理由相信他 / 她有能力做得更好。

基金公司是很容易被忽略的一个因素，但其实也是一个重要的因素。汽车有奔驰、宝马、大众、红旗等品牌，这些品牌其实就是轿车的生产商。基金也有华夏、嘉实、博时、汇添富等品牌，这些品牌实际上就是基金的管理人，也就是基金公司。规模越大的基金公司，其投资研究团队的实力越强，也更利于基金获得更加优异和稳定的业绩。但是，并非大基金公司的产品业绩就一定最优，往往一些中等规模的基金公司会有一些业绩亮眼的基金杀出重围。这是因为大基金公司的制度和风控规范流程较多，给基金经理个人发挥的空间相对有限，而中小型基金公司则会给基金经理更多的施展空间。我的建议是，规模太小的基金公司确实在投研能力等方面有待加强，即便有时旗下基金会成为黑马，但持续性不强，往往是昙花一现，因此可以选择大型或中型基金公司的基金产品。

除了考虑以上三个要素，建议投资者还可以尽量尝试以下技巧，可能对获得更高的收益有所帮助：

- 尽量拉长投资期限。
- 尽量减少频繁操作。
- 尝试定投。
- 通过多元投资（多选几只基金）分散风险。

## 兼得鱼和熊掌的货币基金

1971 年，美国华尔街的两位金融顾问布鲁斯·本特（Bruce Bent）和亨利·布朗（Henry Brown）设立了一个特殊的共同基金——

储蓄基金（reserve fund）。这只基金主要投资于货币市场工具，其目的在于替代银行储蓄存款。这是全球第一只货币基金。在设立之初的两年时间，这只基金并没有受到广泛关注，直到 1973 年《纽约时报》（*New York Times*）刊文报道了这只基金。人们发现了这种新奇有趣的基金形式，虽然收益并不高，但风险低，而且流动性非常高，与其把钱存在银行的储蓄账户，不如投资于货币基金的性价比更高。此后，货币基金火遍美国。

由于当时美联储通过 Q 条款对储蓄存款和定期存款利率设置了上限，导致短期国债收益率明显高于存款利率，货币基金因为收益可观而经历了一次飞速发展。1982 年，美国货币基金总规模达到 2 350 亿美元，第一次超过了股票型和债券型共同基金。1982 年年末，美联储修订 Q 条款，货币基金在收益上的优势突然消失，导致基金总规模急剧下降。

此后，美国证券交易委员会允许货币基金使用摊余成本法计算基金净值。如此一来，货币基金就能够永久保持 1 美元的净值，而不受市场波动的影响，使其看上去更加安全可靠。1987 年，美国股市大熊，资金寻求避险，再度涌入货币基金，使货币基金再度迎来了一次规模增长的高潮。

中国的第一只货币基金诞生于 2003 年。起初，货币基金的优势并没有被人们广泛发觉，直到 10 年后其被作为互联网金融的基本理财工具，并赋予了实时赎回的超强流动性，货币基金火遍全国。

如果用一句话描述货币基金的特点，我愿意这样说：货币基金具有近似活期存款的流动性和超越定期存款的收益。在这种产品出现之前，流动性和收益就像鱼和熊掌，是不能兼得的，但是货币基金的出现，使得投资者完全可以同时享受流动性和收益性。那么货币基金是如何做到兼顾两者优势的呢？不妨看一下货币基金的投资范围：首先包括银行存款、结算备付金等现金资产；其次包括同业存单、短期国债等在内的短期限债券类资产；另外还涵盖买入返售等其他金融资产。这些资产组合的收益率很容易超越同期定期存款的收益率，在2013年资金紧张的时候，货币基金的7日年化收益率甚至突破过7%。由于货币基金投资的资产都有严格的久期限制，因此很容易变现。而货币基金本身又是开放式基金，每日可申购赎回，T+1日也就是第二天就能到账，如果有垫资服务，基本可以像活期存款一样实时到账，因此实现了鱼和熊掌兼得。

货币基金以其兼具流动性、收益性和安全性的优势成为中国公募基金市场规模最大的一类基金，尤其是蚂蚁金服推出的余额宝，把货币基金的特点发挥到了极致，用户数超过6亿人次，真正实现了普惠金融。货币基金好比中国的高铁，以其安全、快速的性能，在700公里以内的范围秒杀所有其他交通工具。

如果有什么事情是看完这本书你能够立刻去做的，那就是把你银行账户里的活期存款和定期存款置换成货币基金吧，货币基金几乎能够满足你对这两类存款的所有需求。但需要提醒的是，自2018年起，监管机构出于对系统性风险的考虑，对货币基金的快速赎回服务（T+0 到账）限定了每日 1 万元的最高额度。这就好比为了安全行驶对高铁进行 350 公里 / 小时的限速，但高铁仍然是高铁，货基仍然是货基，优势恒久远，价值永流传。

## 买下整个市场的指数基金

在接触一个新行业的时候，很多人都会伴有选择恐惧症。比如，我们要买一部单反相机，要配什么样的镜头呢？是不是还要配存储卡、备用电池、三脚架、相机包、清洁工具等一大堆东西呢？对于专业人士来说这都不是事儿，但对于新手来说，可能非常需要一个套餐，把可能用得到的东西都包含进去，一键购全就省事了。去游乐园也是一样，与其一个个项目选择，不如买一张通票来得简单。

选基金可不比选相机省事儿，那么基金里有类似套餐的选择吗？有，就是指数基金。指数基金用一揽子股票来复制一个指数的价格走势。比如沪深 300 指数基金，就会把组成沪深 300 的成分股票都装进这只基金，这只基金会跟随沪深 300 的价格波动而波动。买这个指数基金，就相当于买了整个沪深 300 的所有股票。如果是 ETF 指数基金，还可以使用指数基金份额和成分股票进行互换。

指数基金有什么特点呢？首先，指数基金是被动基金，这是相对于那些由基金经理操盘的主动基金而言的。经常有投资者会嫌一些主动基金涨的时候不如大盘涨得快，而跌的时候却比大盘还要惨。发生这种情况，基金经理的能力确实该受到质疑。但是选择指数基金，你将不再会为基金经理的个人能力而买单，因为你买的是整个市场。其次，指数基金的费用特别低，管理费、托管费都相当于普通股票型基金的 1/3 左右。再有就是指数基金一般规模都比较大，理论上会永远存续下去，不会像有些管理不善的基金，逐渐沦为僵尸基金甚至清盘。

值得一提的是，指数基金在发达国家资本市场是所有共同基金中规模最大的一类基金产品，投资者选择指数基金，可以长期分享市场带来的红利。目前全球规模最大的共同基金就是一只指数基金，是由先锋基金于 1975 年创设的先锋 500 指数基金（Vanguard 500 index fund）。

中国的基金销售逐渐由线下走向线上，很多电商平台也在搭建自身的线上基金销售体系。以余额宝为代表的一波基金革命缔造了货币基金的普惠神话，而下一个风口一定是指数基金，因为线上销售的基金产品必须足够简单、足够清晰、足够标准，指数基金完全符合这一逻辑，加上低费率的加持，指数基金必将在中国电商领域掀起一场热潮。

## 适合懒人的基金定投

人们在进行股票和基金投资时，都希望低买高卖，赚取差价。但实际往往事与愿违，因为很少有人能提前预判市场的“底”

和“顶”。低买高卖也被称为择时，英文是 market timing。美国经济学诺贝尔奖得主威廉·夏普 (William F. Sharpe) 曾指出，投资者要对市场预判达到 74% 以上的准确率，才能通过择时获得盈利。如果是买入和卖出都分别踩到市场的最低和最高点上，要比在空中接住一把飞刀更难。

基金定投（automatic investment plan）完美地解决了这一问题。定投是在约定的时间对预先选定的基金自动投资，日积月累，基金份额积少成多。更重要的是，不论基金净值如何变化，定投会平滑基金的申购成本。举个例子，如表 3-1，投资者每月 1 日定投 1 000 元某基金，在基金净值高时，申购的份额就少一些；基金净值低时，申购的份额就多一些。综合下来，这位投资者的平均成本是 1.5425 元。

表 3-1　一个基金定投的例子

| 时间 | 1 月 | 2 月 | 3 月 | 4 月 | 5 月 | 6 月 |
|---|---|---|---|---|---|---|
| 基金净值 | 1.400 元 | 1.450 元 | 1.510 元 | 1.705 元 | 1.650 元 | 1.540 元 |
| 申购金额 | 1 000 元 | 1 000 元 | 1 000 元 | 1 000 元 | 1 000 元 | 1 000 元 |
| 申购份额 | 714.28 份 | 689.65 份 | 662.25 份 | 586.51 份 | 606.06 份 | 649.35 份 |

如果说买指数基金是对冲个股或个基风险，那么定投就是对冲择时风险。定投一直受到基金公司的热捧，销售人员会给你列出很多定投的优势，比如平滑成本、积少成多、省时省力、复利效果等，但核心的功能就是对冲择时的不确定性，剩下的只要坚持就可以了。人们健身运动，无论是减脂还是增肌，都是一个长期坚持的过程，一朝一夕很难看到成果。定投也是一样，唯有长期坚持，才

能收获成果。

## 私人定制的基金专户

很多人在旅行时不喜欢跟团游，但对一些地方因为语言、文化、交通不熟悉而很难自由行。于是，旅游行业的“精品团”、“私家团”开始兴起。相比跟团游的“上车睡觉、下车拍照”，精品团和私家团的行程更加定制化，体验也更好。还有些家长，为了提高孩子成绩或培养特长，给孩子请私教，享受一对一的教学服务。

无论是跟团游还是学校上课，游客和学生面对的都是同质化的服务和教学，这一点和公募基金是一样的。公募基金的门槛很低，参与人数众多，资金盘较大，基金经理关注的是基金在同类产品中的排名，而不会关注到每个投资者的感受如何？基金是否适合他们？为了满足一些投资者的需求，基金公司推出了基金专户业务，提供一对多和一对一特定客户资产管理计划。一对多特定客户资产管理计划相当于旅游公司提供的精品团，或者私教的小课，基金公司设立一个专户投资计划，为不超过 200 人的客户进行服务。一对一特定客户资产管理计划类似私家团，或者一对一私教，仅针对单一投资者成立专户，提供资产管理服务。

由于基金专户一对多和一对一资产管理计划的本质是私募基金，虽然也是标准化产品，但其净值披露并不像公募基金那么公开和严格，很多信息是定向发送给投资者的，而不会在公开渠道披露。所以，基金专户产品并不像公募基金那样关注基金的排名，而是更多关注产品为投资者赚取了多少收益。专户产品与公募基金相比有一个非常显著的优势，就是投资的自由度比较大，因为专户产品并没有像公募基金那样严格地设定每一类产品的投资比例，而是完全自由控制的。所以，专户产品往往在资本市场出现机会时，及时入市；而在不确定性较大时，会选择更多地持有固定收益类资产以等待机会的出现。

多数基金公司都会设有基金专户业务的管理部门，专门负责基金专户的产品研发和投资。也有一些基金公司出资成立专门的基金子公司负责专户业务。基金子公司除了可以投资二级市场之外，还能够通过设立专项资产管理计划从事非标资产的投资，所以业务范围堪比信托公司。在大资管时代，基金子公司的产品也经常被用作理财产品的通道。

第四章

# 潜入银行理财的海底

## 别在挑选理财产品上浪费时间

我作为一名银行从业者，在过去10年被身边的亲戚、朋友、同学问到最多的一个问题就是：哪家银行的理财产品好啊？

多年以来，我对这个问题已经总结了一个套路化的答案，我会反问：哪家超市的牛肉好啊？被这么反问之后，一般提问的人都会摸不着头脑。其实各家超市的牛肉都差不多，找一家购物方便的就可以了。如果担心买到劣质牛肉，那就找家大一点的超市买牛肉就可以了。在充分竞争的市场中，价格没有太大差异。理财产品也一样，不同银行发行的同期限同类别的理财产品，收益率的差别可能还不如不同超市牛肉的价差大，没有必要在挑选理财产品上浪费时间。

其实在资管行业有个规则：风险越低的产品，收益率差异越小；风险越高的产品，收益率差异越大。什么意思呢？用公募基金来举例理解，货币基金属于低风险产品，我们把全市场的上百只货币基金拿出来对比，收益率最高的比收益率最低的在平均年化收益率上差不出 1%；但是我们换作高风险的股票基金，把全市场的股票基金拿出来对比，恐怕业绩好的能甩业绩差的几十条街，年化收益率的点差能上三位数。这就好比你去买矿泉水和汽车，谁也不会天天研究矿泉水的差异，价格差不多的矿泉水，口感也没那么大的差别吧？但是买汽车就需要花些时间研究了，同类型的汽车在性能、功能上也会千差万别。所以，在做资管产品的投资决策时，你可以多把时间花在研究风险偏高的产品上，而完全没必要去研究比较低风险的产品差异。

银行理财产品本身是有风险差异的，但目前市场上的大部分理财产品是风险相对较低的 PR2 级。具体什么是 PR2 级，我会在后文解释。这个级别的理财产品所投资的标的有严格的限定，因此收益率也不会相差太多。有些银行为了招揽客户，会把投资收益多分一些给客户，自己少留一些，所以理财产品的收益率就高一点；一些银行不愁客源，自己多留存一些利润，所以理财产品的收益率会略低一些。往往大型银行的同类型理财产品收益率会略低于中小型银行。

我们不妨算一笔账，假设用 10 万元购买 3 个月期银行理财产品，A 银行年化收益率为 4.35%，B 银行年化收益率为 4.50%，两者相差 15bps（bp 是 basic point 的缩写，即“基点”的意思，每万分之一为 1 个 bp，bps 是其复数形式）。整个投资期下来，两家银行的理财收益会相差 37.5 元，还不够看一次电影。现在还有兴趣在不同银行间比较吗？

## 理财产品的风险等级

每天都有数百万辆汽车在公路上高速行驶，驾驶员肩负着自己和他人的生命安全，所以想成为合格驾驶员必须经过严格的考试，并取得相应的驾驶执照才能上路。驾驶执照分为几类，A 类驾驶执照可驾驶大型客车，B 类驾驶执照可驾驶中型客车和大型货车，C 类驾驶执照可驾驶小型汽车，D 类和 E 类驾驶执照可驾驶摩托车。

理财投资虽然没有驾驶那么危险，但也关系到家庭财产的安全。所以，在购买理财产品时，银行也会给客户做风险评级。银行的客户风险评级是以调查问卷的形式完成评估的，问题主要涵盖以下几个范围：

- 投资者年龄。
- 家庭总资产。
- 投资经验。
- 风险承受能力。
- 计划投资期限。
- 投资目的。
- 对损失的焦虑程度。

通过对这些内容的评估，最终会生成投资者对应的风险等级，由低到高从 PR1 到 PR5，分别代表谨慎型、稳健型、平衡型、进取型、激进型，详见图 4–1。

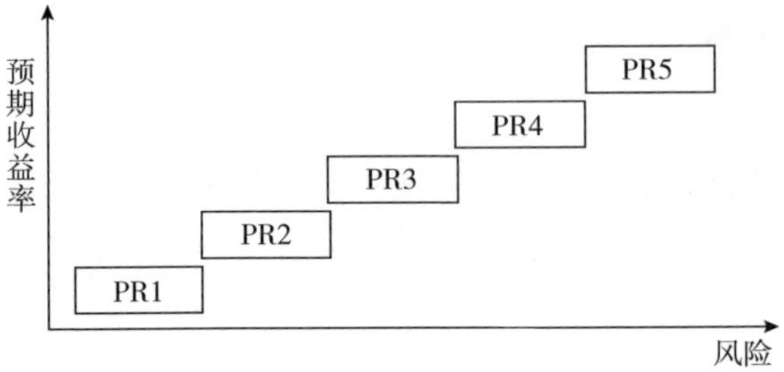


| | |
|---|---|
| PR5 | 激进型 |
| PR4 | 进取型 |
| PR3 | 平衡型 |
| PR2 | 稳健型 |
| PR1 | 谨慎型 |

图 4-1　银行理财产品风险等级分布图

PR1 级的理财产品保证本金完全偿付，产品主要投资于高信用等级债券、货币市场等低风险金融产品。资管新规前，PR1 级的理财产品也被称为“表内理财产品”，在资管新规落地之后，这类理财产品就逐渐退出历史舞台了。PR2 级的理财产品是目前市场上规模最大的银行理财产品，不保证本金的偿付，但本金风险相对较小，收益浮动相对可控。投资方向与 PR1 级相似，但区别是 PR2 级不保本。PR3 级理财产品不保证本金的偿付，有一定的本金风险，收益浮动且有一定波动。PR4 级理财产品不保证本金的偿付，本金风险较大，收益浮动且波动较大。PR5 级理财产品不保证本金的偿付，本金风险极大，同时收益浮动且波动极大。PR4 级和 PR5 级两类理财产品的投资均较易受到市场波动和政策法规变化等风险因素的影响。

## 理财的钱去了哪儿?

理财的钱都去哪儿了？从大类来看，银行理财产品的钱主要投向了四个领域：固定收益类资产、非标资产、银行存款和权益类资产。表 4–1 是 2017 年银行理财产品在四类资产上的投资比例。

表 4–1　2017 年银行理财产品投向统计

| 固定收益类资产 | 非标资产 | 银行存款 | 权益类资产 |
|---|---|---|---|
| 55.2% | 16.2% | 13.9% | 9.5% |

资料来源：中国银行业理财市场年度报告。

固定收益类资产主要是利率债、信用债及货币政策工具。利率债和信用债都是债券，主要区别在于是否存在信用风险。利率债包括国债、地方债、央票、政府支持机构债券和政策性金融债，背后基本是国家信用，所以不存在信用风险，稳拿利息就可以，当然收益率会相对比较低。信用债包括企业债、公司债、商业性金融债、企业债务融资工具、资产支持证券等，信用债并没有国家信用背书，所以是存在违约风险的，投资信用债就需要对发行主体进行信用评估了。货币政策工具主要是同业存款、同业拆借和买入返售。

非标资产在前文已经介绍过，主要是融资类项目形成的受益权和信托贷款等资产。在大资管时代伊始，非标资产的占比接近 30%（2013 年达到 37.5%），之后根据监管要求不断降低。随着资管新规的落地，理财产品投资于固定收益类和权益类这两类标准化资产的比例在逐渐上升。

银行存款是一类安全性和流动性都非常高的资产，但是因为收益率比较低，因此主要会被一些开放式的理财产品所选择，以应对投资者日常的赎回。

权益类资产主要是 PR3 级别以上的理财产品的投资标的，可以用于博取相对高的收益。对于银行的高净值客户，这类产品往往更适合进行多元化的资产配置。

## 银行理财由哪个部门管理?

十多年来，理财产品的投资由最初的简单逐渐专业化，银行管理理财产品的方式也在不断转变。

如今的理财产品有面向个人客户的，也有面向企业客户的。但在银行最早推出理财产品时，是针对个人客户的。因此，很多银行最早管理理财产品的部门都设在个人金融部或零售银行部，具体由一个二级部或者一个处室来管理理财产品，名称大多是资产管理处或者理财业务处。这个二级部或处室几乎承担了最初理财产品从设计到销售、从投资到运营的所有工作。

随着理财产品的快速发展，一个二级部或者处室的编制很难满足理财产品的全流程业务需求，于是便衍生出了两种模式：一种模式是把理财的前、中、后台职能分散到各个部门，前台销售职能仍然留在个人金融部或零售银行部，中台的投资职能放在金融市场部，后台的运营职能放在运营管理部；另外一种模式是直接成立一个一级部门，包揽理财产品的全部职能，名称大多是资产管理部或者理财业务管理部。

在资管新规落地后，很多银行采取了更加专业化的理财产品管理模式，那就是设立资产管理子公司。设立子公司可以使理财产品的管理更加独立化，有利于打破刚性兑付，同时能够在托管上实现实质性隔离。银行的资产管理子公司实际上就相当于一家基金管理公司，只不过前者发行管理理财产品，后者发行管理公募基金和专户资管计划。

## 理财产品的收益是如何确定的?

理财产品的收益率怎么确定？为了便于理解，我用一个最简单的理财产品模型来说明。某项目需要融资 3 亿元，1 年期，项目融资方愿意支付 6.8% 的融资成本（利息）。经过银行授信审批后决定发行一款理财产品，募集规模 3 亿元，期限 1 年，预期收益率 5.0%。理财产品募集资金到位后，直接划入一并成立的信托计划，再由信托计划对项目发放信托贷款。1 年后本息原路返回，收益部分 5.0% 支付给客户，0.5% 作为信托计划管理费，0.1% 作为托管费，剩下的 1.2% 就是银行管理理财产品的收益了。因此，在这个简单的单一标的理财产品中：

客户投资收益 = 项目收益 – 银行管理费 – 通道费 – 托管费

当然，理财产品并不是这般简单的。之前讲到在资管新规之前，银行理财产品通过“资产池”实现多产品与多项目的匹配，同时可以实现期限错配，但原理是一样的。银行只是把很多个项目都放进池子里，再切分成不同期限的理财产品去销售。最终资金池会有一个复合收益，银行再根据这个复合收益计算通道费是多少、托管费是多少、给客户多少、自己留存多少。因此，在这个复杂的多元标的理财产品中：

客户投资收益 = 资金池复合收益 – 银行管理费 – 通道费 – 托管费

上文都是以非标资产为投向的例子，在资管新规后，银行理财产品投资非标资产的比例被严格限制，银行理财产品将会更多地投向标准化资产，比如利率债、信用债和货币政策工具。同时，资产池也将退出历史舞台，新规下的理财产品要和资产实现一一对应。如果完全投资于标准化资产，那么理财通道也可以不要了。在这种情况下，理财的收益就变成了：

客户投资收益 = 理财产品投资收益 – 银行管理费 – 托管费

由于理财产品更多地投向了标准化资产，标准化资产的价格是随市场波动的，所以理财产品的投资收益不能像投资非标资产那样提前就被预知，要等理财产品交易结束时才知道实际收益。因此，资管新规下的理财产品在销售时都把“收益率”改为“预期年化收益率”、“上期年化收益率”或“业绩比较基准”，我们可以认为这些都是理财产品的“参考收益率”。这就意味着客户最终拿到的实际收益率，有可能高于或低于购买产品时所标注的“参考收益率”。不过由于 PR2 级别的理财产品，风险相对较低，波动也相对可控，所以最终的收益率不会与“参考收益率”相差太远，或者说大部分情况下，都能够基本达到理财产品销售时标注的“参考收益率”。

## 银行也有基金经理吗?

在公募基金行业，基金经理是一个高大上的角色，掌管着基金的舵盘。但是在银行理财产品领域，似乎没有类似基金经理的人设，为什么呢？这其实和商业银行与基金公司的性质和文化有很大关系。基金公司更像美国大片，崇尚个人英雄主义，如果基金经理足够强大，就会被戴上主角光环；而商业银行更像中国式军队，崇尚集体荣誉，纪律严明，讲究统一作战。还有一个更简单的比喻——公募基金是基金经理的独唱，理财产品是投资团队的合唱。

同样是资产管理，为什么形式会如此不同？因为公募基金起源于股票投资，风险较大，讲究的是相对收益，基金经理的考核是按照业绩排名来的。因此在公募基金的文化中，做出个人业绩和风格，是被鼓励的。但是银行理财产品起源于非标投资，其实是银行表内业务的表外化，其本质仍然依赖银行整体的运转机制，而且风险相对较低，要求绝对收益。因此在银行理财产品的文化中，产品的每一个环节的精确运转和风险控制才是关键，这些都需要完善的机制和体系来完成，而绝不可能凭借一人之力实现业绩的一枝独秀。虽然在资管新规下，银行理财产品的投资转向了标准化资产，但“保守”“稳健”的标签仍然没有被撕掉，绝大部分理财产品的投向仍以固定收益类资产为主。所以，基金行业崇尚个人英雄主义，而银行理财产品则拒绝个人英雄主义。

那么银行理财产品的投资是怎么操作的呢？也会有一个像基金经理一样的掌舵人吗？还真没有。一只银行理财产品是由许多个团队配合完成投资的。无论是银行的资管子公司还是资产（理财）管理部门，都会有多个投资团队，大体包括：固定收益团队、资本市场团队、债权融资团队、股权融资团队、衍生品投资团队和跨境投资团队等。理财产品成立以后，会根据产品的投资说明书将产品“分解”，比如对于一个 70% 投资于债券、15% 投资于货币市场工具、10% 投资于新股申购、5% 投资于非标的产品，就会将资金按照以上比例分配给各个相应的投资团队，由不同的团队在自身负责的领域进行投资。最终，产品到期后会形成一个综合收益率，再根据这个收益实现最终的分配。

独唱与合唱，区别于此。

## 如何分辨理财产品和代销产品？

在京东商城购物，商品会分为自营和第三方商家两种性质，自营是京东自己销售的商品，非自营产品是由第三方卖家提供的产品，京东只是一个销售平台。银行销售金融产品也是一样的。银行理财产品的发行主体是银行自身，而银行代销的公募基金、信托计划和资产管理计划等产品的发行主体是基金公司、信托公司和证券公司等第三方资管机构。

银行自身发行的理财产品就一定比代销产品好吗？未必。但是银行会对自身发行的理财产品负有直接责任，虽然资管新规已经打破了刚性兑付，但是理财产品如果出现问题，银行还是会负责解决和处理，做好善后工作。而如果是代销产品出现问题，银行在法律上并没有义务负责到底，善后事宜很可能被移交给产品的发行主体进行处理解决。这就会出现一种情况，客户本来在 A 银行购买了一款代销的信托计划，最终客户到期未能按时得到兑付，最终需要面对 B 信托公司进行处置。

要分辨是否是银行自身发行的产品，可以线下向银行客户经理咨询，或者看线上网银客户端的标注，通常都可以简单区分。一般银行自身发行的产品都有“理财”的字眼，非银行自身发行的产品会有“代销”的字眼。

# 第五章

# 传承财富的信托

## 信托为何物？

信托作为一种金融制度，与银行、证券、保险并列为四大支柱共同构成了现代金融体系。说起银行，人们会想起存贷款；说起证券，人们会想起股票；说起保险，人们会想起事故保障；但是说起信托，人们似乎很难想起一个很具象的概念。

信托制度是一项基本的法律安排，起源于英国，壮大于美国。由于信托的法律意义在各国不尽相同，所以其定义也有多个版本。但无论哪一个版本的定义，都有一个核心意思，正是由“信托”本身这两个字组成，即“信任”和“托付”。信托有三个当事人，一是信托的委托人，二是信托的受托人即信托公司，三是信托的受益人。委托人基于对受托人的信任，将财产权委托给受托人，由受托人按委托人的意愿为受益人的利益或特定目的，对信托资产进行管理和处分。众所周知的诺贝尔奖，就是一个信托基金。

简单一些，可以把信托理解为管家。基于信任，主人把家中大小事务委托给管家，包括管理家院、照顾老小、安排事务。信托，就是专门解决财务与金融问题的专业管家。不过在中国，多数人对信托的理解是高端理财，门槛比银行理财产品更高，收益比银行理财产品更多。其实对于信托业在中国的定位，这个理解也是没有问题的。

信托公司就像商业银行的兄弟。信托公司与银行一样，一并归属中国银保监会管辖。信托的主流业务可以简单理解为银行业务的一种延伸，其所从事的业务与银行类似，但风险和收益都要较银行业务更高，在业务效率上也会比银行更快。

在资金来源方面，信托不能像银行一样吸收存款，信托的资金来源是信托公司的客户委托给信托公司的资产，通过客户购买信托公司发行的信托计划得以筹集。大部分客户购买信托计划的目的是理财，也就是希望通过信托实现资产增值。那么信托是如何实现资产增值的呢？这就涉及信托公司的资金投向。信托公司的资金投向比较广泛，从大类上包括发放信托贷款、股权投资，还可以投资于证券市场和货币市场。举个例子，某上市公司的开发建设项目需要进行融资。一般来说，向银行贷款无疑是成本相对较低的选择，但由于该项目时间紧，同时项目的部分指标又未达到银行的要求，很难获得银行贷款。这个时候就可以选择信托，信托公司在综合评估项目风险之后，可向其发放信托贷款。信托贷款的速度一般较银行更快，但融资成本一般会高于银行贷款利率。

其实从风险与收益角度来看，信托的业务领域其实一直逡巡在商业银行业务领域的上游，无论在资金端，还是资产端。在资金端，最保守的客户会把钱都存在银行，有较低风险承受能力的客户会选择收益比储蓄高的银行理财产品；而资金实力更雄厚、风险承受能力更高的客户会选择投资信托计划。在资产端，融资方在需要资金的时候，能够从银行贷款自然是成本较低的选择，然而银行的信贷政策确是相当严苛的，信托也有自身严格的风控，但与银行的信贷政策相比，信托的通融度显然是更强的，当然，信托项目融资的利息，自然也要比银行高出不少。

## 传承财富的避风港

信托业务常常被简单理解为“受人之托，代人理财”。这个理解并没有错，但有人会说，所有的资产管理业务都是“受人之托，代人理财”，信托又有何不同呢？

我们先看一看受托理财的几种法律框架。一种是简单的委托模式，这是最原始、最简单、最直接的一种模式，委托人基于信任或者协议，将资金委托给其他人或者机构进行管理。早期的受托理财大多是这种模式，但这种模式对委托人的保护比较小，风险比较高，而后渐渐被各类规范化的资管产品所取代。

第二种是以合伙制度或公司制度为基础的受托理财。例如有限合伙制私募投资基金，基金的有限合伙人（LP）实际上就是通过合伙的形式将资金委托给基金的管理人（GP）进行投资。第三种是通过契约订立的委托理财，比如公募证券投资基金、契约型私募投资基金、证券公司资产管理计划，都属于基于契约协议的委托资产管理。这两类受托理财模式分别基于各自的法律来对投资者权益予以保障，例如《公司法》、《合伙企业法》和《证券投资基金法》。但是，根据《民事诉讼法》，被执行人未按执行通知履行法律文书确定的义务，人民法院有权向有关单位查询被执行人的存款、债券、股票、基金份额等财产情况。人民法院有权根据不同情形扣押、冻结、划拨、变价被执行人的财产。因此，无论是股权还是证券（包括股票、基金份额等），当投资人被强制执行时，都不能得到有效的隔离。

信托与以上几种受托理财不同的地方就在于，设立信托后发生的任何债务，都会与信托财产隔离，不得强制执行。这则法条在《中华人民共和国信托法》第十七条得以体现。比如，一个商人拥有数亿元资金和一些不动产，此时他并未涉及任何债务，他从其中拿出 2 亿元为他的孩子设立了信托计划。多年之后，商人经营公司破产，负债累累，其资金、股票和不动产都被清算，但这笔信托计划是不在清算范畴之内的。虽然商人公司破产清算，他的孩子却通过这个信托计划获得了财产的传承。

人们经常说，不要把鸡蛋放在同一个篮子里。但现实的情况是，当一个人只有一个篮子时，我们不得不把鸡蛋放在一个篮子里。信托的出现如同提供了另外一个篮子，使得鸡蛋得以分装保存。

这就是信托的魅力所在，它能够从法律上与在信托财产设立后的其他个人资产形成隔离，使信托财产成为个人财富的避风港，将宝贵的财富安全地传承给信托的受益人。

## 信托的海外发展史

信托最早的雏形与遗嘱有关，可以追溯到古埃及。人们通过遗书的形式，规定自己死后由谁来继承财产。后来在罗马时代有了信托遗赠制度，在按遗嘱划分财产时，可以把遗嘱直接授予继承人，如果继承人无力或无权承受时，可以按信托遗赠制度，把财产委托或转让给第三者处理。

近代的信托制度起源于英国的“尤斯制”（use）。英国封建时代，人们出于宗教信仰，会把土地与财务捐献给教会，人们相信这样死后才能升入天堂。但是这一信仰使得财富聚集到了教会，而不是国王与贵族。于是，13世纪初英国国王亨利三世颁布了《没收条例》，规定凡把土地赠予教会团体的，必须得到国王的许可，凡擅自出让或赠予者，要没收其土地。结果是“上有政策，下有对策”。英国的法官多为教徒，他们想出了帮助教会摆脱困境的办法，参照罗马的信托遗赠制度，创造了尤斯制。尤斯制的大概意思是：凡要以土地贡献给教会者，不做直接让渡，而是先赠送给第三者，并表明其赠送目的是维护教会的利益，第三者必须将从土地上所取得的收益转交给教会。也就是说，通过创新给利益让渡找了个“通道”，规避了封建监管。尤斯制触犯了国王与贵族的利益，必然遭到国王与贵族的极力反对。但是随着英国资产阶级革命成功，英国封建制度彻底崩溃，资本主义市场经济的确立，契约关系日渐成熟，商业信用和货币信用迅猛发展，生产分工也日益精细繁复，在这样的背景下，尤斯制逐渐在法律上成熟，财产标的由不动产逐渐扩展到动产，并逐渐演变为现代信托制度。19世纪中叶，英国的信托机构纷纷成立。

英国的现代信托制度在19世纪传入美国。在美国，信托制度得到了蓬勃发展，实现了个人信托向法人信托的转移，以及民事信托向商事信托的转移。到今天，在美国经济发展和居民日常生活中，信托一直扮演着极为重要的角色。在美国的金融体系中，美国的信托资产、银行资产和保险资产三分天下，信托机构与商业银行享有同等地位。

## 中国的现代信托业

中国引入信托制度其实也有百年之久了，但是真正的现代信托业是在改革开放之后才发展起来的。中国的现代信托业还很年轻，记住几个标志性事件，脉络就完全清晰了。

第一个是1979年，中国国际信托投资公司设立，这是中国现代信托业起航的标志。在改革开放初期，要发展经济，需要引进海外先进的技术，同时需要雄厚的资金。但是当时中国和很多国家的外交都刚刚建立不久，政府直接与海外谈资金与技术合作是有相当大的难度的。于是在十一届三中全会之后，荣毅仁先生接受邓小平先生的邀请，担任了我国历史上第一个直属国务院的投资机构——中国国际信托投资公司的首任董事长。当时政府希望借助荣氏家族在海外的巨大影响力，来为国家解决引进技术与外资的问题。荣毅仁先生肩负重任，在北京组建了中国国际信托投资公司，与海外建立了实业与金融等多方面的合作。这也标志着中国信托业的恢复和中国现代信托业的正式起航。

第二个是2001年，《中华人民共和国信托法》颁布，这是信托制在中国正式确立的标志。2002年中国人民银行颁布《信托投资公司资金信托管理暂行办法》；同年，上海爱建信托推出了中国第一个集合资金信托计划，标志着信托投资公司的业务模式被终结，新的资金信托模式开启。信托制弥补了我国传统单一的银行信用的不足，利用社会闲置资金，为我国经济的发展发挥了积极作用。随着金融业的不断发展，信托业务由于具有灵活性，在中国金融业分业经营的环境下，信托公司成为唯一能够综合利用金融市场、连通产业和金融市场的机构，从基础设施、大型工程建设投融资到企业的兼并重组、改制顾问，再到租赁、担保，信托公司都能够提供全程式的金融服务。因此，信托公司基本涵盖了除储蓄、保险和证券经纪以外的所有金融与投行业务。

第三个是2007年，信托“新两规”颁布，在银行理财高速发展的时代，成为银信合作模式催化信托规模快速膨胀的标志。“新两规”指的是《信托公司管理办法》和《信托公司集合资金信托计划管理办法》。“新两规”之后，信托行业资产规模从2008年年底的 1.2 万亿元迅速膨胀，2009 年突破 2 万亿元，2010 年突破 3 万亿元。2010 年，银监会出台了一系列规范银信理财合作业务的监管文件，银信理财合作业务的爆发增长势头得到遏制。

第四个是 2013 年，中国信托业受托资产总规模达到 10.91 万亿元，超过保险业的总资产，在总资产规模上成为中国第二大金融行业。此后的几年，信托行业继续保持了高速增长。2018 年年末，信托资产总规模已经突破 23 万亿元。随着资管新规的落地，多层嵌套的大资管时代宣告终结，但资管业务仍然可以有一层通道，而信托成为这一层通道的首选。未来，信托仍然以其固有的优势，在整个资管行业有着非常广阔的发展空间。

## 信托产品有哪些类型?

信托有很多种分类方法。根据信托财产类型，可以分为资金信托和财产信托；根据委托人人数，可以分为单一信托与集合信托；根据受托人职责，可以分为主动管理信托与被动管理信托；根据信托财产运用方式，可以分为融资信托、投资信托、事务信托。但以上分类都没有那么重要，直接关系到信托风险收益的其实是信托的投资标的，所以如果说要对信托进行分类，可能最重要的是按照信托财产的运用领域来划分，包括：基础设施信托、房地产信托、证券投资信托、股权质押融资信托、能源资源信托、工商企业信托、股权投资信托、另类投资信托等。下面介绍几类常见的信托。

## 基础设施信托

基础设施信托是以基础设施项目为投资标的的信托，由于这类信托的融资方大多是地方政府融资平台，所以常被称为“政信合作”信托。所投资的具体项目包括水电气供应、交通、商业服务、邮政、教育、科研、卫生、绿化等市政公共设施或者公共生活服务设施。信托向基础设施项目提供融资资金，再以应收账款转让或者回购实现退出。

## 房地产信托

房地产信托简单理解就是信托向房地产企业进行的融资。技术上，房地产信托以房地产及其经营权、物业管理权、租赁权、受益权和担保抵押权等相关权利为主要投资标的，具体还可以分为股权型房地产信托和债权型房地产信托。在信托行业，对房地产项目有通行的核心指标，即房地产融资企业的“432”指标，“4”指的是开发商的四证，包括国有土地使用证、建设工程规划许可证、建筑工程用地规划许可证以及建设工程施工许可证；“3”指的是自有资金达到30%；“2”指的是开发商或其控股股东需要有二级以上开发商资质。对于符合“432”指标的，信托公司一般会采用信托贷款的形式，即债权型房地产信托对房地产企业进行融资。对于不符合“432”指标的，信托公司一般会采用股权的形式对房地产企业进行融资。股权型房地产信托是信托计划通过向房地产企业增资或者购买房地产企业的股权而成为房地产企业的股东，进而直接参与房地产企业的经营管理或地产项目的运营。

**证券投资信托**

证券投资信托可以理解为类似证券投资基金的一类信托，只是换了一种形式。证券投资信托是以交易所上市交易的证券或其他公开交易的金融资产为投资标的的信托产品，例如以股票、债券、货币市场为主要投资方向的信托产品。一般证券类投资信托会被包装成阳光私募产品，阳光私募以信托计划作为产品载体，而实际管理人是信托计划的投资顾问，而非信托公司本身。投资顾问一般是具有丰富经验与良好业绩的私募基金管理公司，同时信托计划由具备托管资格的商业银行予以保管，因此相对私募证券投资基金而言，这类产品通过信托实现了“阳光化”。

**股权质押融资信托**

股权质押融资信托的本质是质押贷款，融资企业将其持有的上市公司股票进行担保质押，以获得信托公司的信托贷款。一般质押率会低于股票 20 日均价的五折。也有部分以未上市公司股权进行质押的信托，但一般会以金融股权质押为主，而且抵押率会更低。

其他的几类信托其实大同小异，从类别名称就能够看出信托的投资标的。可能你会发现，信托在所有大类资管产品中，似乎是投资范围最广的一类，既类似银行，又类似基金，既能投标准化资产，又能投非标资产，同时能上下兼容理财和私募，成为最便利的资管“通道”，还有着财富传承的独特优势，除了门槛有些高，确实是一类“神通广大”的资管产品。

## 信托产品的操作流程

不同的信托项目有着不同的操作流程。主动管理类信托的操作流程与证券投资基金较为类似，这里以融资类信托为例，介绍信托产品的操作流程。一个完整的融资类信托项目从最初项目发现到最终项目清算一般会经过五个流程：项目立项、项目评审、项目运作、项目监控以及项目清算。具体如图 5–1 所示。

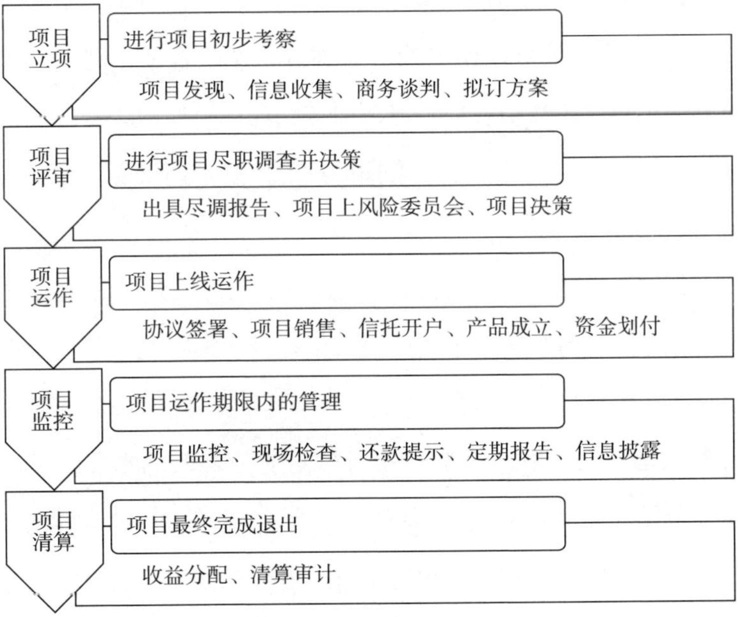


图 5–1　融资类信托项目的操作流程

项目立项阶段主要是与客户洽谈需求，信托经理对融资项目进行了解和判断，如果认为值得投资，则会向信托公司报告。

项目评审阶段，信托公司将会有专业团队对项目进行详细考察，并针对多个维度进行分析判断，出具项目的尽职调查报告。报告形成后，会经过风险部门、财务部门与合规部门的审查，或者通过风险评审会进行评审，如果内部评审通过，即可报备监管机构。

项目运作阶段，需要完成与客户和托管银行的合同签署工作，合同要经过信托法务部门的审查。集合信托计划要完成资金的募集，需要财富管理部门进行销售。资金募集完成，需要集中划转到托管专户中进行验资，之后产品宣告成立，可以对外投资。

项目监控就是对运作中的项目进行运作中管理，例如发放信托贷款的项目，需要监控融资方的财务状况，需要向融资方发送还款提示。同时，需要按照信托合同的约定出具定期报告，进行信息披露。

项目清算阶段，由信托会计核算与财务部门计算净值，并进行收益分配，计算出受益人的收益、信托公司的收益以及托管银行的收益等，完成产品的清算。

其实融资类信托业务颇与银行信贷业务相似，要么说银行和信托是亲兄弟呢。只是银行是依托总－分－支的体系进行项目推动，而信托则是由信托经理全程跟进项目。由于银行和信托的信审在一定程度上还是存在差别的，一些项目可能因为一些条件达不到银行的要求，但在信托公司或许并不是问题，所以很多时候，银行也会向信托公司推荐项目，毕竟银行拥有着强大的网络体系，获取项目的渠道更加广阔。

## 家族信托

家族信托是信托公司接受个人或家族的委托，代为管理、处置家庭财产的财产管理方式，以实现富人的财富规划及传承目标。家族信托可以使资产的所有权与收益权相分离，富人一旦把资产委托给信托公司成立家族信托，该资产的所有权就不再归他本人。富人如果出现离婚、意外死亡或面临负债的情况，家族信托的财产都将独立存在，不受影响。

家族信托有几个逆天的强大功能，有一些甚至早已超越了资产管理的范畴。第一是作为财富传承的保障，为资产提供保值、增值。在欧美等发达国家，家族信托的运用已经非常普遍。IBM（国际商业机器公司）掌门人托马斯·约翰·沃森（Thomas J. Watson）曾以自己的孙辈为受益人设立了一笔数百万美元的家族信托基金，在孙辈们年满 35 周岁时就可以支取信托基金中各自的份额。

第二是可以合理避税。在美国等遗产税高昂的国家，富裕的家族可以通过设立理论上能永续存在的家族信托来规避遗产税和隔代转移税。比如，在遗产税的最高边际税率高达 45% 的情况下，如果传承三代，通过家族信托可能会帮继承人节省 70% 以上的税负。

第三是可以成为资产隔离的防火墙。这一点在前文已经介绍过，基于信托法，信托可以成为资产的避风港，而家族信托更是把这一功能发挥到了极致。家族信托的委托人和受益人通常不是同一人，因此可以建立非常稳固安全的财产防火墙。如果委托人死亡、离异或破产，信托财产不会受其牵连，债权人或配偶都无权拿走。例如，中国香港曾有一位富商设立了一个 1 000 万港币、为期 3 年的信托，受益人为其 10 岁的女儿。未料，两年后该富商因经营不善，资不抵债面临破产。在清算时，债权人无法强制执行这笔信托中的资金。3 年到期后，信托转为现金划至女儿名下。按照中国香港有关法律，信托只管受益人是否拿到钱，而不管受益人拿到钱后给谁用或怎么用，富商之后又靠这笔信托资金重振旗鼓，东山再起，续写了另一个商业神话。[1]

## 伞形信托

资本市场的存在为企业长期融资提供了一个巨大的平台。在这个市场中，有着形形色色的投资者，他们有着自己的风险偏好和投资策略。面对资本市场，大多数人是保守的。但仍有一部分人喜欢通过高风险投资来博取高收益，他们比研究股票和从事资管行业的专业人士更加“嗜血”，可谓“炒股大神”。与其说资本市场是他们的游乐场，倒不如说是赌场更为贴切。因为大神们有着超常的自信，愿意

1　部分内容参考了马斯晓在《接力》刊发的《详解家族信托基金》一文。

使用高倍数的杠杆向财富发起挑战，要么一夜暴富，要么倾家荡产。

有需求，就会有产品。面对牛市，如果一位大神想赚 1 000 万元，但他只有 300 万元本金，显然通过直接投资实现目标是非常困难的。伞形信托为大神实现目标提供了可能。信托公司设立一个信托计划，这个信托计划像一把撑开的伞，下面分设了若干个独立的子信托单元，这些子单元就是提供给大神的"神器"。信托计划分为优先和劣后份额，优先级不承担市场风险，仅获得固定收益，通常由银行理财资金对接。优先级的资金会按照一定的比例配置给进入劣后级的大神，通常有 1∶2、1∶3 和 1∶4 等比例。如果这位只有 300 万元的大神，采用 1∶3 的杠杆，他就能获得 900 万元的配资额度。在这种情况下，在牛市中赚取 1 000 万元的可能性就大大增加。而他要付出什么呢？一是优先级的成本和相关费用，优先级的成本就是配资资金的固定收益利息，通常在 10% 左右；二是一旦爆仓，为了保证优先级的本金和收益能正常兑付，大神的证券会被强制平仓，资金就归零了。

举个例子来说，某大神如果用 100 万元买一只股票，两个涨停板能够实现 20% 的涨幅，[1] 获得 20 万元的收益。但是他如果通过伞形信托的杠杆把 100 万元放大到 400 万元，就能仍然用 100 万元的本金，在两个涨停板获得 80 万元的收益，而他只要从中支付给那借来的 300 万元优先级资金年化 10% 的利息就可以了，每个月只要 2.5 万元。但是，收益被放大的同时，风险也被放大了。如果

1　为简单理解，这里的涨跌停板均用整数计算，不计算滚动复合。

这只股票经历 3 个跌停板，原本直接用 100 万元投资的话，只会损失 30%，也就是还剩 70 万元的本金。但如果加上杠杆，损失会被放大到 120 万元，直接超过本金。为了防止出现这种穿仓的情况，信托公司会计算一个强制平仓的止损线，这条线需要保证平仓能够被执行且执行后不影响优先级的本金和收益。因此在第二个跌停板过后，这位大神的信托计划基本上就会进入强制平仓的程序，平仓后，他的 100 万元本金基本上会一无所有。

伞形信托的好处是能够做到一伞多户。每一个伞形信托产品就像一把伞，这把伞本身是一个实体账户，共同拥有一个证券账户进行交易，但在其大账户的背后是若干个独立核算的小型结构化信托单元。每一个单元都可以提供给一位大神作为配资的工具，不但能够降低入市的门槛，而且可以迅速为大神提供入市所需要的一切条件。在既有的母信托计划下，子信托单元的设立简直如行云流水，让大神欢呼雀跃。

但是，伞形信托在为大神提供高收益可能性的同时，其实也存在着相当高的风险，因为杠杆的存在，会同时放大收益和损失。古希腊物理学家、数学家阿基米德曾说过："给我一个支点，我就能撬动地球。"杠杆本身是一种很好的工具，比如对于封闭式基金，在封闭期内，合理运用杠杆投资可能获得更加可观的收益。但物极必反，过度运用杠杆，就可能给投资者埋下极大的风险隐患。同时，对于整个市场，杠杆的过度运用也可能放大市场的波动。因此，监管机构对于投资杠杆制定了一定的要求和限制，比如对各类公募基金的杠杆率进行了严格的规定。不过，对于个人投资者的股票投资行为，监管机构则很难控制杠杆率，只能通过投资者教育的方式进行宣传和引导。

看似美好的伞形信托，在2015年遭遇了“滑铁卢”。中国股市在2015年迎来了一场凶猛的快速杀跌，惨烈程度足以载入史册。当时通过伞形信托进入市场的资金达到数千亿元，在股市杀跌时，配资的杠杆会像多米诺骨牌一样连环倾倒。试想，某一只股票的快速下跌可能触发某位大神的信托单元爆仓，在他的仓位被强制平仓的过程中，又会对市场形成直接卖空的作用力，造成更多的股票加速下跌；更多股票的下跌会引起更多大神的信托单元被平仓，于是反过来进一步对市场形成猛烈的空头压力。最终，就像一枚导弹打入一座弹药仓库，一个又一个信托单元被引爆，就形成了一场股灾。2015年的熊市之所以会出现空前的杀跌速度和力度，主要是因为杠杆和配资爆仓形成的连环反应，这其中除了伞形信托，还包括融资融券和场外（民间）配资。

伞形信托这种形式虽然能够满足各方需求，却也承担了太大的风险。其实即便是专业投资机构，对于杠杆的运用也非常谨慎，同时也会有严格的风控措施。但是个人投资者的决策相对简单，尤其在市场快速上涨时，容易忽视风险。为了在机制上更好地保护投资者，2015年监管机构对伞形信托进行了整治，禁止以任何形式开展场外股票配资和伞形信托。在去掉杠杆之后，市场也会去掉一些暴躁，多一些温柔。

伞形信托本身是一个非常有想象力的金融工具，但如果运用过度，就会对投资者本身甚至整个市场产生副作用。就像吗啡，是强效镇痛的良药，不过一旦过量，就会变成毒品。

一把伞，如果不能挡雨遮阳，就先收起来吧。

# 第六章

# 守护生活的保险

## 保险与众筹

这本书讲的是资管。保险资管也是资产管理领域的主要组成之一，但是为了更好地理解保险资管，我想先说说保险本身。

如今我们从微信、微博这些互联网渠道经常能够看到互助众筹的信息，例如某某的孩子罹患白血病，已验证，众筹20万元治病；某某的父亲被诊断为癌症晚期，已验证，众筹32万元治病。消息迅速扩散，很多人的慈善之心被触动，纷纷捐款。每份捐款只要10元、20元、50元、100元，积少成多，一个个生命被挽救。但毕竟发起众筹的还是少数人，所以你偶尔看到众筹的信息，会善意地捐款，你的善举会激发自己的满足感和存在感，至少在这一刻自己是被世界需要的。但试想，如果每个人都用这种方式来挽救家人的生命，来对抗生活的不幸，那么你每天打开微信和微博，就是刷屏的众筹信息，就像网店商品一样琳琅满目，请问你还有能力捐款吗？难道没有更好的办法吗？当然有！——保险。

保险是什么？保险的目的是：在灾难来临时，不改变你原来的生活。而保险的本质其实有些类似众筹，是有秩序、有规则、公平的众筹，每个人都拿出一定的资金（保费）交给保险公司，少数在未来遇到灾难或意外的人会拿到补偿，而这些补偿其实来自大多数运气还不错的人。保险不能防止灾难与不幸的发生，但能让人们更坦然地面对灾难与不幸。

保险包括两个大类：财产保险和人身保险，简称产险和寿险。区分起来很简单，财产保险是以财产作为标的，比如汽车；人身保险是以人的生命或健康作为标的，比如重疾险。

在财产保险类别下，又分三个子类：第一类是财产损失保险，比如你在网上购买的玻璃器皿在快递的过程中摔坏了需要赔偿，这是快递险，就属于这一类；第二类是责任保险，比如你为车辆购买的第三者责任险；第三类是信用保证保险，比如出口信用保险。这三类财产保险中以机动车辆保险占比最大。

在人身保险类别下也分三个子类：第一类是人寿保险，比如定期寿险和终身寿险，被保险人的年龄到达一定岁数或者身故将获得保额；第二类是人身意外伤害保险，比如航空意外伤害保险，乘飞机不幸发生意外将获得保额；第三类是健康保险，比如重大疾病保险，当被保险人罹患某些重大疾病将获得保额。这三类中人寿保险占比最大。

看起来好麻烦是不是？直接看表 6–1 就简单了。

表 6-1　保险产品的分类

| 分类 | 子类 | 细类 | 举例 |
| --- | --- | --- | --- |
| 财产保险 | 财产损失保险 | 财产险 | 家庭财产保险 |
| | | 货物运输保险 | 快递险 |
| | | 运输工具保险 | 机动车辆保险 |
| | | 农业保险 | 种植业自然灾害保险 |
| | | 工程保险 | 建筑工程一切险 |
| | 责任保险 | | 公众责任保险<br>第三者责任险 |
| | 信用保证保险 | | 出口信用保险<br>合同保证保险 |
| 人身保险 | 人寿保险 | | 定期寿险<br>终身寿险 |
| | 人身意外伤害保险 | | 旅行意外伤害保险<br>航空意外伤害保险 |
| | 健康保险 | | 重疾保险<br>住院医疗保险 |

保险是一种特殊的金融产品，与其他的金融产品不同，保险的首要功能并不是投资，而是为了减少突发意外对生活的冲击和影响，是风险转嫁。保险是一种生活方式，一种保持长期优雅、从容的生活方式。人生在世，逃不出或然发生的疾病，免不了突如其来的意外，保险能够让人们在面临这些疾病和意外时及时获得一定的资金来应对。因此，正确的投资观应该是将结余的收入先保险、后投资，只是不同风险偏好的投资者可以选择不同的保险额度。

那么问题来了，投保人缴纳的保费都去哪了？保险公司是如何运用保费的？它们如何保证被保险人在发生不幸或意外时可以拿到相应的保额？这就涉及保险公司的资产管理业务了。

## 保险资产管理

要保障一家保险公司顺畅地运作，除了险前的客户拓展和险后的核保、理赔这些标准化流程，还有两项关键的核心业务：精算和资管。

精算师其实就是保险公司的财务官，企业的财务官考虑的是企业的成本和收益，确保企业能够运转和盈利。保险公司的精算师需要基于大数据计算出险概率、损失额度、分布规律等指标，用于保险产品的研发、设计和定价，最终要确保保险公司的资金能够覆盖未来可能发生的理赔，使保险公司运营下去。

企业有一个好的 CFO（首席财务官）能够使企业经营得更好，企业赚了更多钱，可以进行再投资进而扩大企业规模。那保险公司呢？如果精算做得好，保险公司越做越大，但保险公司不生产实体产品，这些钱不能像实体企业一样投入生产，那怎么办呢？保险公司会把这些钱拿去投资，赚取更多的资金，像滚雪球一样积累起来。保险公司的资产管理，就是负责保险公司的投资活动的。

起初，保险公司会有资产管理部，负责保险资金的投资。随着保险公司的发展，对资产管理的需求也就会越来越强烈。一些保险公司设立了独立的保险资产管理子公司，专门负责保险资金的投资管理。而后，越来越多的保险相关的投资机构、子公司不断设立，除了专业的保险资产管理公司，也有养老金管理公司、保险系公募基金管理公司、保险系私募股权管理公司以及在全国各地如香港地区设立的子公司等。

保险资产管理公司和基金管理公司非常相似，但也有所不同。如前文所述，基金管理公司就像一家饭店一样，需要前、中、后台的分工配合。而保险资产管理公司更像一家企业的内部食堂，因为它不需要太多的销售人员去市场上寻找投资者和资金，保险业务产生的大量投保资金就是其管理对象，所以精确地说，保险资产管理公司更像一个只具备中、后台职能的基金管理公司。

保险资产管理公司也有着专业的投资和研究团队，除了管理保险资金，他们也完全有能力接受客户的委托进行代客理财。于是保险资产管理公司的资管业务也丰富起来，包括各类投资型保险，甚至公募基金。

当保险公司开始做资产管理业务时，很多人会有些迷惑，那么多的险种，意外险、重疾险、分红险、万能险、投连险，区别在哪？要怎么选？有些产品到底是保险产品，还是投资产品？相信很多人是分不清的。

## 傻傻分不清的各类保险

保险种类繁多，尤其是寿险，各种叠加了理财功能的保险产品更是让人摸不着头脑。其实区分起来也很简单，首先保险产品分为消费型和返还型，两者的区别是期满是否返还保费及收益，消费型保险是一次性支出，返还型保险在期满后还会返还保费及收益。在此基础上，保险又分为很多类别，只要看懂保险产品的核心与叠加的功能就很容易分辨，也很容易判断是否适合自己了。就像东方国家的各种菜式，米饭是核心，米饭可以单独吃，简单地区分，如果是“米饭 + 炒菜”就是中餐，如果是“米饭 + 咖喱”就是泰餐，如果是“米饭 + 海苔 + 鱼生”捏在一起就是日料寿司。其实区分保险产品也是这样的思路，我们可以看看保险产品是怎么搭配的。

**消费型保险——纯保障**

其实无论是什么保险产品，都有一个基础的属性，就是保障。这个保障就是保险最原始的业务，当意外发生时，被保险人可以获得赔付。基础的保险产品是只含有保障这一种功能的产品。比如车险，人们每年都要给自己的汽车投保车险，如果驾驶汽车时发生意外碰撞，保险公司会给予赔付；如果没有出险，保费也不再返还投保人。再比如意外险，如果一家公司给每位员工每年花 200 元购买 20 万元的航空意外险，当某位员工乘飞机不幸遭遇了事故，则员工家属会获赔 20 万元的赔偿。我们可以把保障型保险看作一种消费，保费是一次性支出，目的只是应对意外的发生，不含任何投资属性，保费成本也最低。所有其他保险产品都是基于保障这个基础属性再附加上其他的功能衍生出来的，有的附加了储蓄功能，有的附加了分红功能，还有的附加了投资功能。

**储蓄型保险——保障 + 储蓄**

这类保险产品在保障的基础上，附加了储蓄的功能。理解起来很简单，这类产品的保费除了能够在发生意外时提供基础保障，还具有类似银行存款的功能，在保险期满或条件达成时，可以支取保费并获得一定的利息。你也可以认为这种保险产品就是把钱存在银行且保险公司额外附送了保障型保险。举个例子，普通寿险就是典型的保障 + 储蓄产品。保障的期限可以是定期（例如到投保人 70 岁终止），也可以是终身（到投保人身故）。在期限期间，如果被保险人被诊断出重大疾病，则可获得赔偿。到达保险期限后，会返还本金和约定的利息。有人会问，这种类型的保险，出险要赔付，到期要支付本金和利息，那保险公司是不是不赚钱了呢？其实这种保险的利润大着呢，假设保险公司给你的利息是 4%，保险公司把你的保费资金（也就是保险公司的负债）拿去进行资产管理（投资），实现了 6% 的收益，剩下的 200 个 bps 就是保险公司的利润了。而且保险精算师早已算好这些利润足够覆盖可能出险赔付的金额，附赠的保障型保险的成本早就被覆盖了。

**分红型保险——保障 + 储蓄 + 分红**

在普通寿险的基础上叠加了分红功能的就是分红险。分红险的投保人除了可以获得保单规定的保障，还可以享受保险公司的经营成果的分红。在中国，根据监管规定，保险公司应将上一年度盈余的 70% 分配给分红险的客户。分红险与普通寿险的主要区别在于，普通寿险采用固定的储蓄利率，很可能到期时因为通货膨胀导致到手保额资金的购买力大大下降；而分红险采用浮动利率，能够参与分配保险公司的经营收益，所以在对抗通货膨胀方面会更有优势。

**万能型保险——保障 + 储蓄 + 投资**

万能险在普通寿险的基础上，叠加了获取投资收益的功能。万能险会在普通寿险账户的基础上，另外开立独立的投资账户，在扣除费用及保障成本后的保费会进入这个投资账户专门用于投资。万能险可以分为保本保收益的部分和额外得投资收益部分，相当于普通寿险加持了独立账户投资。之所以叫万能险，是因为这种险种还具有缴费自由的特点，可以用于子女的教育基金、婚嫁金、创业金或者养老储备等。

**投资连结型保险——保障 + 投资**

投资连结型保险简称投连险，这种保险产品可以理解为投资基金或理财，投保人缴纳的保费在扣除费用及保障成本后，全部进入一个或多个相互独立的投资账户用于投资。投资的盈亏完全由保单持有人承担，保险公司只收取投资管理费，不对本金和收益提供任何保证。所以投连险实质上就是基础保障型保险叠加了投资基金的功能。

## 保险资管都投资些什么?

保险资金都投向了哪里？按照监管规定，保险资金投资于流动性资产和固定收益资产的比例是不受限制的，投资于权益类资产（包括股票和证券投资基金）的比例不高于保险公司总资产的 30%，投资于不动产类资产的比例不高于总资产的 30%，投资于其他金融资产的比例不高于总资产的 25%，用于境外投资的资产比例不高于总资产的 15%。见图 6–1，便可一目了然。

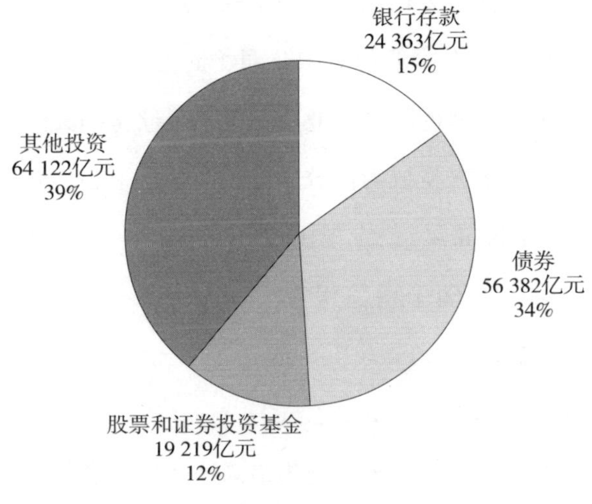


图 6–1　2018 年我国保险资金的配置情况

资料来源：中国银保监会官方网站。

这里的银行存款、债券、股票和证券投资基金都好理解，和其他资管产品都差不多，但是保险的其他投资占比达到 39%，都包含些什么呢？其中包括商业银行理财产品、资产支持证券、信托计划、证券公司专项资产管理计划、保险资管基础设施投资计划、不动产投资计划和项目资产支持计划等。

就说说不动产投资吧。保险公司的投资必须要考虑长期性，因为像寿险这样的险种，如果被保险人从一出生就投保，那可都是几十甚至百年的期限，长期资产配置对于保险资产管理其实是非常适合也是十分重要的。不动产投资可以采取买入并持有核心物业的策略，既可以在退出时获得超额收益，又可以在持有期间获得运营租金的日常回报。不要以为不动产投资仅限于国内的物业，目前中国的各大保险公司都陆续向全球金融发达国家开展业务。举个例子，中国人寿保险股份有限公司（简称中国人寿）在 2014 年先后收购了英国伦敦的两处物业，一个是金丝雀码头区的一座办公楼，金丝雀码头未来将成为伦敦的第二个金融中心，云集了巴克莱银行（Barclays Bank）、花旗集团（Citigroup）、高伟绅律师事务所（Clifford Chance）、瑞士瑞信银行（Credit Suisse）、印孚瑟斯技术（Infosys）、惠誉评级（Fitch Ratings）、汇丰银行（HSBC）、毕马威会计师事务所（KPMG）、路透社（Thomson Reuters）等机构。中国人寿收购的这座办公楼未来将整租给高伟绅律师事务所作为全球总部，资产价格为 7.95 亿英镑，中国人寿持有 70% 的股权。另一个物业是联合加拿大博枫资产（Brookfield）以 3.46 亿英镑收购的伦敦金融城的一栋写字楼 Aldgate Tower，这栋物业坐落于伦敦金融城 Aldgate East 地铁站之上，距离英格兰银行（英国央行）不到 1 公里。

除了不动产投资，保险公司的债权投资计划也属于长期投资，主要用于基础设施和不动产的建设。基础设施领域包括交通、能源、市政环保、通信、土地储备等项目，不动产领域包括商业不动产、办公不动产、与保险相关的养老、医疗、汽车等不动产项目。

多元化的投资能够使保险资产管理分散风险并获得更为平滑稳定的综合收益，就像人们要以多种主食、肉类、蔬菜、水果搭配饮食，就会获得更加平衡丰富的营养和健康的身体。

## 令同业羡慕的保险资管

保险资产管理业务与其他类型的资产管理业务相比，是有着比较显著的差异的。最基本的差异是保险资管所管理的大部分资产来源于保险准备金，属于负债性质；而其他类型的资管机构所管理的资金是客户委托资金。仅这一点就足以让公募基金等机构羡慕的了。前文提及，公募基金必须把有限的资源合理地配置到投资和市场两个团队中，投资关乎业绩，是公募基金长期经营的灵魂与基石，而市场关乎规模，是公募基金的“饭票”。保险资产管理公司只要全心全意做投资就可以了，不用花心思考虑销售，所以很多保险资产管理公司是没有前台部门的。

单就投资来说，保险资管也与其他资管机构存在差别，主要体现在保险资管的投资有着这样四个特点——保守、多样、长期、大额。

保守是保险资管的最大特点。金融行业一般更喜欢用“稳健”来形容低风险偏好，但保险资管的投资可能用“保守”更为贴切，2004—2017 年，中国保险资产管理实现的平均年化收益率是 5.40%，其中 2015 年、2016 年、2017 年的平均投资收益率分别是 7.56%、5.66% 和 5.77%。[1] 之所以保守，虽然保险资金也是负债性质的，但与银行一样，这些负债资金的运用与风险都要由自身来管理和承担，所以必然会更谨慎。保守好不好呢？一定是好的，因为保险资金最注重安全。保险公司肩负着社会责任，关乎着万千家庭的幸福，当然要保守。保险资产管理要在保守的基础上寻求合理的收益。所以保险资管的投资标的大多以固定收益类产品为主，以权益类和股权类产品为辅；在股权投资中又以财务投资为主，以战略投资为辅；在战略投资中，也是以参股为主。

保险资管投资具有多样性。公募基金的资管可能只关注股票和债券市场，而保险资管呢？所有公募基金关注的资产，保险资管都会关注和投资，而且公募基金本身也是保险资管的投资对象。此外，保险还参与非上市股权投资、不动产投资、金融衍生品投资、基础设施投资、资产证券化投资，同时还会投资于包括银行理财产品、信托计划、券商资管等其他各类资管产品。因此，保险资管的投研团队特别庞大，再保险资管公司里会针对各种投资领域设置很多个投资部门，除了其他资管机构常见的股票投资部和固定收益部，保险资管通常还设有直接投资部、基金投资部、国际业务部、另类投资部、第三方机构业务部等部门，同时配套各

1 资料来源：原中国保监会官方网站。

类资产的投资决策委员会。之前提到过，基金公司像对外经营的饭店，前、中、后台要齐全，但是一般一家饭店的菜式是单一的，比如中餐馆、西餐馆、日料馆，只有少数饭店会什么菜式都有。而保险资产管理公司更像企业内部食堂，对内供应餐食，如果公司足够大，很可能就会产生多个特色食堂，有中式的和西式的，有小炒和面档，还有的单位食堂会单独设立回民餐厅，实现多样化。不过从保险资管公司可以获取公募基金牌照开始，“内部食堂”也开始对外营业了。

保险资产管理的长期性其实很好理解。一般银行理财产品的期限是 3 个月至 3 年，信托是 1 年至 5 年，私募股权基金是 3 年至 7 年，公募基金虽然没有固定期限，但大多数人持有的期间在 6 个月到 10 年之间，只有保险，尤其是寿险，动辄就是几十年。所以保险资管必须考虑长期投资，可以参与不动产、股权、基础设施等领域的投资。但是保险资管也必须保持一定的流动性，因为有可能要应对一些突发情况，比如财险遇到的巨灾赔付，或者寿险遇到的瘟疫赔付，都是短期、巨额的，如果处理不好，很可能动摇整个保险公司的基业。

保险资管还具有大额属性，保险公司的资金量本身就无比庞大，加之保险资产管理公司在中国只寥寥 20 多家，不像公募基金管理公司有 100 多家。一位公募基金的基金经理，管理几个亿的盘子可能是常态，管理几十个亿的盘子大多都是明星基金经理了。而保险资管机构的投资经理，管理几百个亿也是常态。

## 保险的保险

对于任何一家商业银行而言，都要在中央银行按照一定的比率存放存款准备金，相当于商业银行放在中央银行的存款。这样做的目的是保证银行在流动性出现问题的时候，还能够使用存款准备金以应对储蓄客户提取存款和资金清算需要，保证银行的运转。存款准备金也是中央银行的三大货币政策工具之一，中央银行能够通过调整存款准备金率来控制社会的货币投放量和信贷规模。

保险公司其实和商业银行非常相似，银行吸收存款，保险公司收取保费，存款和保费在商业银行和保险公司的资产负债表中都属于负债。这两类机构都和人们的生活息息相关，也关乎着社会的稳定。商业银行在流动性紧张的时候，会向同业拆借资金。同时，为了保障商业银行的稳健有序经营，中央银行充当着银行的银行，接收商业银行的存款准备金，同时也充当着银行体系的最后贷款人，在商业银行遇到流动性危机时，施与贷款救助。那么保险行业呢？有没有一个类似同业拆借的制度呢？有没有一个类似中央银行这样的角色呢？有没有保险的保险存在呢？有的，这种机制就是再保险。

再保险是出于分散风险的考虑，通过签订分保合同把一个保单分保给其他保险人进行保险，可以理解为给保险上的保险。再保险起源于欧洲的海上贸易大发展时期，全球第一份再保险合同是在 1370 年签订的。再保险制度的发明非常有意义，因为保险业也是存在系统性风险的，比如英国伦敦市曾在 1666 年遭遇过其历史上最严重的一次火灾，源自面包房的火势演变成全城大火连续烧了 4 天，伦敦市几乎被烧成一片废墟。87 间教堂、44 家公司以及 13 000 多间住宅被大火吞噬，其中包括圣保罗大教堂。也是因为这场大火，火灾险得到了迅猛的发展。但是像这样的灾难，是足以摧毁保险公司的。为了避免保险公司在系统性风险中破产，再保险得到了充分的重视，尤其是国际再保险业务，可以充分分散保险行业的风险。

再保险可以是一家保险公司向另一家保险公司进行分保，也可以是两家保险公司相互分保。现在很多保险公司之间都有着再保险业务，风险就得到了充分的分散，保险公司的经营基础也更加牢固。这就好比一根筷子很容易被折断，但把许多根筷子绑在一起，就很难再被折断，哪怕是其中的任何一根。

除了保险公司与保险公司之间进行再保险，也有专门从事再保险业务的特殊保险公司，也叫再保险公司，就像中央银行作为最后贷款人一样。比如中国再保险（集团）股份有限公司（简称中再保），就是以国有资金成立的中国最大的专门从事再保险业务的集团公司。中再保旗下成立的中再资产管理股份有限公司，专门从事中再保的资产管理业务。

现在各个国家对于银行和保险的监管都是非常严格的，也是因为有再贷款、再保险这样的制度，为银行业和保险业提供着进一步的保障。虽然对于资管行业而言，资管新规的出台彻底打破了刚性兑付，但银行的存款和保险的保障仍然是无条件刚性兑付的。即便不幸遇到规模较小的商业银行或保险公司经营不善而倒闭，也会被其他银行和保险公司接管或收购，继续承担原有的负债义务。所以把钱存在银行或者买保险仍然是最安全的理财方式，但预期收益也是最低的。注意，银行理财产品和投连险等产品并不适用，因为这些都是资管产品，风险是要由客户自担的，银行和保险公司在这类产品中的角色是代客理财，而不是经营负债。

## 趸缴和期缴

趸缴是一个保险术语，就是一次性付清全部保费。相对趸缴而言的是期缴，就是按期支付保费。保费的趸缴和期缴，其实就相当于买房时的全款和贷款。

趸缴的优势在于简单便利，而且相比期缴而言，同样保额的保单，趸缴的保费会少很多。期缴虽然要按期支付保费，而且保费总额比趸缴多出不少，但能够赢得时间。趸缴和期缴并无优劣之分，考虑时间价值后的综合成本其实是一样的。选择哪一种，完全要看哪一种更适合自身的情况。如果是早年发迹，资金较为充裕，但收入并不稳定，那么趸缴就非常适合，可以在资金充裕时为自己的未来增加保障；如果是工薪收入，或者大器晚成，则期缴会更有优势，能够分摊成本，并提前享受保障。

## 保险买多少合适?

对买保险这事儿，通常会有两个极端。有一类人对保险嗤之以鼻，基本和保险绝缘。还有一类人认为保险是安全的理财方式，还能提供保障，于是大手笔地配置保险产品。其实，适当地配置保险产品是有必要的，尤其是寿险。仔细想想，车险是强制性的，我们每年必须花几千块钱给自己的汽车投保，而且是消费型的，保费不返还，却舍不得给自己的健康投保，这不是本末倒置了吗？但是过度保险却也是没有必要的，因为寿险是长期性的，占用太多的现金投保，会大大降低当前的生活质量。即便是衣食无忧，结余甚多，也可以多配置些其他资产，收益很容易超过保险产品收益。其实在经济高速发展国家，保险产品收益很难跑赢通货膨胀，2000 年前后我国分红险曾红极一时，那时候不少家长给子女投了分红险，希望用在孩子以后的教育和婚姻中。10 万元、20 万元的保额在当时看来算是一笔巨款了，每年家长会为这个目标缴纳几千元的保费。而今看来，10 万元、20 万元的保额其实已经远远没有当时的购买力了。如果当初为这笔保额影响了生活质量，那就得不偿失了。

买多少保险合适呢？一般对于个人而言，寿险的保额应为自己全年收入的 100%~200% 为宜；对于家庭而言，全家寿险的保额是家庭全年收入的 100%~200% 为宜。若不幸遇到重疾，短时间无法工作，完全康复的时间基本上在 1~2 年，那么这些保费足够使生活不受影响。

此外，还有几个配置保险的技巧可以参考。

**寿险越早买越便宜**

保险精算师早就根据各种数据算好了寿险的成本，所以当购买寿险时，你会发现同样的保额，年龄越小买越便宜，同样年龄的女性买比男性便宜。女性的保费更低，是因为女性的平均寿命更长，各类重疾的发病率也低于男性，所以保险成本更低。因此，如果还没有给自己买保险，要尽快买，不然成本会越来越高。给孩子买保险也是越早越好，在小孩满 1 周岁前购买保险最划算。

**同一险种可以投保多份保单**

只要触发了保单约定的条款，保险是可以多方赔付的，每张保单的生效不影响其他保险的生效。所以，基于同一目的，可以投保多份保单。比如，你在 A 保险公司为自己投了一份重疾险，随着收入的增加，有能力也有需求多配置一份保险，与其增加 A 保险公司的保额，我更推荐在 B 公司购买一份同样的保险。这样做可以分散风险。但是保单也不宜配置太多，一是难以管理，二是会被保险公司质疑投保动机。比如一个人突然在 20 家保险公司给自己配置了 80 份航空意外险，保额过亿，买好保险之后他要搭航班出行，那么保险公司就有理由考虑报警了。

### 在单位买团险更优惠

都说批发比零售优惠，保险也一样。保险有通过零售渠道销售的，也有在单位通过团险的形式销售的。团险和零售渠道销售的保险没什么本质区别，但同样的保额，团险往往会有一定的折扣优惠，因为保险公司可以批量获客，节省了营销成本。所以如果单位提供团险福利，不妨优先考虑在单位购买团险。

## 第七章

# 自成一派的券商资管

## 自强不息的券商资管

这本书讲的是资管。说到资管又怎么能少得了证券公司？证券公司靠经营与证券相关的业务生存，资产管理在证券公司是与证券经纪、投资银行、证券自营并驾齐驱的四大主营业务之一。证券公司作为资产市场的弄潮儿，在证券投资方面具有得天独厚的优势，自然要发挥特长，在这个市场分一杯羹。证券公司的投资业务分为两大块：一块是用自有资金投资，另一块就是代客投资。代客投资就是证券公司的资产管理业务，通常设有专门的资产管理部或者独立的资产管理公司来开展这一业务。

证券公司的资产管理业务其实是命运多舛的。为什么这么说呢？因为自证券公司开办代客理财业务以来，就一直在风风雨雨中砥砺前行，早期经历了乱象丛生的阶段，在监管进行规范之后，终于以证券公司资产管理计划的形式登上历史舞台。但最初证券公司资产管理计划的定位比较特殊，夹在公募基金和银行理财产品中间，公募基金的门槛更低，而银行理财产品的收益稳健。

现在，证券公司资产管理业务，包括公募基金、证券公司集合资产管理计划（又分为大集合和小集合）、证券公司定向资产管理计划、证券公司专项资产管理计划几个品种。对于几个品种的区别、发展历程，我会在后文详细介绍。

证券公司的资产管理业务在与公募基金和银行理财的竞争中，到底用什么样的方式在资管市场获取了一席之地呢？其实可以浓缩为三个关键的业务创新：绝对收益、业绩报酬、通道业务。通道业务已经在本书前文做了介绍，绝对收益和业绩报酬这两个概念我也会在后文详细介绍。

## 分层服务的集合与定向

很多买过证券公司资产管理计划的人都有疑问，集合计划和定向计划有什么区别？集合计划怎么还分大集合和小集合？大集合怎么还分 5 万元起点和 10 万元起点的？这些产品到底是如何分类的？

其实证券公司的资产管理业务一直在不断演变，各类券商资管产品也随着监管的细化而不断细分。2003 年，中国证监会发布了《证券公司客户资产管理业务试行办法》，把证券公司的资产管理业务分为三大类：

- 为单一客户办理定向资产管理业务。
- 为多个客户办理集合资产管理业务。
- 为客户办理特定目的的专项资产管理业务。

我们不妨这样理解，客户办理资管业务好比要选择一种交通工具去往一个目的地。定向资产管理业务相当于乘坐专属的出租车，一人一车，司机为乘客提供一对一服务，直达目的地；集合资产管理业务相当于乘坐公共汽车或地铁，同行的人可能有很多，司机同时服务很多名乘客，按照既定路线行驶；专项资产管理业务相当于为特定目的承包专车，例如要托运一架钢琴，司机不仅仅要考虑路线，还要考虑以何种形式实现钢琴的托运。

在试点阶段，集合资产管理业务被分为限定性集合计划和非限定性集合计划。其中限定性集合计划是将权益类资产的投资比例限制在 20% 以内，也就是说可以视为以固定收益等低风险投资策略为主的一种产品，产品的起购门槛是 5 万元。非限定性集合计划就是不受以上投资比例的限制，可以自由配置，风险相对于限定性集合计划更高，因此门槛也提高到 10 万元。

此后，在 2012 年、2013 年中国证监会又相继发布了集合资产管理计划实施细则并进行修订。集合资产管理计划被划分为“大集合”和“小集合”两类，“大集合”仍然沿用了集合资产管理计划 5 万元（限定性）和 10 万元（非限定性）的参与门槛，而“小集合”作为一种新的产品形式登上历史舞台，起初被定名为“限额特定资产管理计划”，参与门槛是100万元，其对标的产品是基金公司的“一对多特定客户资产管理计划”，是针对高净值客户设立的一种投资更加灵活、投向更加丰富的资管产品。

定向资产管理计划是针对单一客户单独设立的一类产品，只要符合法律和监管要求，投哪些品种，加不加杠杆，这些规则可以由客户来决定，证券公司会根据这些需求量身定制出一款产品进行投资。定向资产管理计划的基础门槛是100万元，但出于成本考虑，多数证券公司实际的门槛定在3 000万元以上。由于定向资产管理计划的规则可以由委托人来参与确定，在大资管时代也自然而然地成为通道业务的最佳载体。

所以，大集合、小集合、定向资管计划都是券商资管根据客户入门门槛和风险承受能力所发行的不同定位的产品。如果把券商资管比作宝马牌汽车，那么大集合就像3系轿车，小集合就像5系轿车，定向资管计划就像7系轿车。

至于专项资产管理计划，由于它是针对特殊目的发行的一类资管产品，多被用于资产证券化领域。

2013年《中华人民共和国证券投资基金法》修订，证券公司在获得资格核准后，也可以发行公募基金。自此，一些证券公司也在公募基金领域开始尝试。2018年资管新规落地之后，部分存续的“大集合”也在逐步向公募基金转型。未来，证券公司的资产管理业务也将向着更加规范化、标准化的方向发展。

## 绝对收益

证券公司资产管理业务的投资相对公募基金具有无与伦比的灵活性，而相对银行理财有更大的收益空间。

公募基金虽然有着标准化、规范化、门槛低等诸多优点，几乎可以作为资管新规的典范，却有一个“致命”的缺点，就是过度标准化导致的灵活度下降。这使公募基金逐渐演变出了“相对排名”的潜在机制。公募基金有着严格的分类，每一类产品有着严格的投资比例限制。比如股票型基金有 80% 的股票仓位下限，在牛市时自然是好事，但在熊市时基金经理也不能突破法规的限制调低基金的仓位，因此股票型基金在熊市将难逃哀鸿遍野。

银行理财产品在资管新规前可被视为固定收益类刚兑产品，期限与收益都是完全确定的，不同银行的不同产品之间没有实质性差异。大部分银行理财是不投资资本市场的，只有针对高净值客户的产品会增加权益类资产的投资，所以多数银行理财产品都无法在牛市时分享资本市场的红利。

无论是公募基金还是银行理财，都存在自由度不够的问题。这一问题被证券公司资产管理计划解决了。无论是大集合、小集合还是定向资管计划，都可以不受仓位的限制，实现真正的资产灵活配置。这一优势的结果就是，一些优秀的产品能够踏准股市与债市的步调，不断灵活地游走于熊牛转换的节奏，实现绝对收益。当然，也有可能出现完全踏反行情的情况，所以证券公司集合资产管理计划的管理更加考验产品管理者的能力。顺便一提，在公募基金行业，基金管理者被称为基金经理；在证券公司资产管理领域，资管计划的管理者被称为投资主办人或者投资经理。

如果说公募基金做的是相对收益，那么证券公司资产管理的目标就是通过资产灵活配置实现绝对收益。绝对收益就是在尽量保证本金不亏损的前提下，实现资产的增值。实现绝对收益必须要有灵活的投资比例作为前提。其实基金管理公司的特定资产管理计划也具备绝对收益的可操作性，但其门槛较证券公司的大集合资产管理计划更高，因此受众范围也就更窄。

具体怎样实现绝对收益呢？其实对于专业的资产管理机构，绝对收益并不是什么复杂的事情，它们有很多办法来实现绝对收益。这里列举一个简单的方法：CPPI 策略。

CPPI 是英文 constant proportion portfolio insurance 的缩写，中文为固定比例投资组合保险。CPPI 策略是一个典型的绝对收益策略。这个策略把投资组合分为保本资产和风险资产两类，保本资产是投资组合的风险底线，比如对于严格要求保本的投资者而言，保本资产就是全部委托资产的本金；而风险资产则是用于博取收益的那一部分资产。举个例子说明，委托资产是 1 亿元，如果在绝对收益的框架下，要求本金不能出现亏损，那么依据 CPPI 策略，可以把 1 亿元本金切分为保本资产和风险资产两部分进行投资。假设当时市场的无风险年化收益率为 4.16%，则可将 1 亿元本金中的 9 600 万元作为保本资产部分，全部投资于无风险资产，那么在未来一年的时间预期将获得约 400 万元的收益（9 600 万元 ×4.16%）。同时，将本金中的 400 万元作为风险资产部分，全部投资于股票等风险和预期收益相对较高的资产，并采取一定的杠杆策略，以博取较高的收益。在一年之后，最恶劣的情况是 400 万元的风险资产部分全部损失，而 9 600 万元的保本资产部分赚取了 400 万元收益，最终的本金收益合计为 1 亿元，相当于本金并没有任何损失，总体投资收益率为零。而比较理想的情况是，400 万元的风险资产部分实现了 150% 的投资收益，即获得了 600 万元的收益；同时 9 600 万元的保本资产部分也赚取了 400 万元收益，整个投资组合的收益就变成了 1 000 万元，总体投资收益率达到 10%。

说得简单一些，就像一家人要吃鸡肉，一般情况下是买两只鸡烹饪，大饱口福。但是采用 CPPI 策略的话，就应该把买来的一对鸡饲养起来，这家人只吃这两只鸡下的蛋或者孵出的小鸡长大后再吃，而不吃这两只鸡。这样一来，有可能这两只鸡会源源不断地下蛋或孵出小鸡，这家人有吃不完鸡肉和鸡蛋，还能拥有更多的母鸡；而最坏的情况是，这对鸡不怎么下蛋，但至少这对鸡还在，这家人没有损失什么，特别想吃鸡的时候随时也可以吃到鸡。

## 业绩报酬

业绩报酬是资产管理人在投资的过程中，与委托人约定一个业绩基点，管理人参与分配超过这个基点的收益。举个例子，一只资产管理计划的业绩基点是10%，对于超额部分资产管理人按照20%的比例计提业绩报酬。那么如果资产管理计划的规模为1亿元，某年收益为1 800万元（18%），则收益超过10%的部分即800万元需要按照20%计提业绩报酬，管理人应得到160万元业绩报酬。

如果定额管理费相当于上班族的固定工资，那么业绩报酬就相当于绩效奖金。

绝大部分公募基金采用的还是固定管理费的收取模式，而证券公司资产管理业务则把业绩报酬运用得淋漓尽致，很多资产管理计划都约定了业绩报酬的条款。业绩报酬的好处不言而喻，能够对资产管理人起到很强的激励作用。通过公司内部的激励政策，投资主办人/投资经理也会直接拿到一定比例的业绩报酬作为个人激励。

在券商资管机构进入公募基金领域之后，一些公募基金也开始尝试采用业绩报酬的形式收取管理费。这也使得公募基金管理费的计提方式变得更加多元化。

## 公募化在路上

2013年修订的《中华人民共和国证券投资基金法》将基金管理人由此前的基金管理公司拓展到保险资管、证券公司、私募等资产管理机构。当年，东方证券资产管理有限公司获得了公募基金牌照，并发行了业内第一只券商系公募基金。

此后，越来越多的证券公司开始申请并获得公募基金牌照，参与到公募基金领域。公募基金最大的好处就是大幅降低了投资者参与券商资管的门槛，能够使这个曾经的“贵族”资管业务普惠化，更多的投资者能够选择券商资管的服务。证券公司本身在证券行业有着得天独厚的优势与资源，比如证券公司具备强大的投研实力、具备经纪业务条线强大的产品销售能力、在证券发行和证券交易上也具备第一手资源。证券公司如果能够善加利用这些优势与资源，就能够形成与银行、基金公司、信托公司差异化的资产管理产品，也能够将自身的公募基金产品做出特色。

在资管新规之后，存量的大集合资产管理计划也将面临公募化转型。证券公司的资产管理业务将有更加丰富的层次，但同时也会面临更强劲的竞争。

第八章

# 缔造资本的私募基金

## 限量款的资管产品

对于大多数商品和服务而言，有大众款，就有限量款；有量产型，就有定制型。同样，在资管行业，有公募，就会有私募。

银行、保险、证券、信托是构成现代金融业的四大支柱金融机构，这些机构及其子公司都是持有金融牌照来开展资产管理业务的。私募基金游离于金融与实业之间，其本身并不是金融机构，而是采用公司制、合伙制或者契约制的 SPV[1] 作为投资载体。私募基金专注于资本运作，专门面向特定的机构或个人投资者募集资金，提供资产管理服务。相对于公募基金和银行理财产品的无限量购买和低门槛，私募基金属于限量版的高门槛资管产品，有限合伙制私募基金的参与名额最多 50 席，契约制私募基金的参与名额不超过 200 席，参与者必须满足合格投资者的门槛，最低投资额百万元起步，有些热门基金的门槛则是千万元起步。

1 SPV 是英文 Special Purpose Vehicle 的缩写，是为特殊目的而设立的载体，以独立于其他资产。

广义的私募基金是相对于公募基金而言的，指的是采用非公开方式面向特定合格投资者募集的基金。狭义的私募基金则指的是以非上市股权为投资标的的基金，也就是通常人们所称的PE（Private Equity）基金。

按照中国证券投资基金业协会的分类，私募基金可以分为三个大类。第一类是以上市股票和债券作为主要投资标的的私募证券投资基金，这一类私募基金属于标准化产品，与公募证券投资基金的运作形式非常类似，但私募证券投资基金更强调绝对收益，同时在投资上也具有更大的自由度。第二类是以非上市股权为投资标的的私募基金，包括私募股权基金和创业投资基金，这一类产品与其他资管产品的差别比较大，也是私募基金的灵魂产品。第三类是除了以上两类产品以外的其他类，其他类私募基金的范畴比较广，比如投资于红酒或者艺术品的另类基金，但在目前的市场上，其他类私募基金主要被用于各类项目融资。除了以上三类私募基金之外，还有私募FOF（Fund of Funds）基金，原理和公募的基金中的基金一样，是专门以其他私募基金为投资标的的私募基金。

由于证券投资类私募基金的情况与公募基金和各类资产管理计划比较相似，而其他类私募基金范畴较广，规模也在逐渐压缩，这里就不作为重点介绍。在私募基金这一部分内容里，我会以私募股权基金作为讨论的对象。

## 一家公司的融资历程

要了解私募股权投资基金的投资逻辑，就有必要知道一家公司从创业到上市的融资历程。

首先，成立一家公司需要一定的启动资金，那么资金可以从哪些渠道获得呢？常见企业融资方式有四种：股东投资、银行贷款、发行债券和股权融资。一般公司的创业启动资金大多来自股东投资，但是股东投资仅限于初创期，后期企业的发展壮大需要更多地依靠外部资金注入。初创期的公司很难获得银行贷款，因为银行更偏爱给运作成熟、收益稳定的企业发放贷款，不过股东可以以个人名义通过信用贷款、房地产抵押、股票质押等方式间接获得贷款，以实现对企业的投资。发行债券对于初创期企业是不现实的，属于成熟企业的融资方式。股权融资就是通过出让股权获得资金，私募股权基金就是专门挑选有潜力和发展空间的企业，对它们进行股权投资，进而在后期通过退出等方式获得收益。股权融资分为多个阶段，包括：天使轮、A 轮、B 轮、C 轮、IPO。看起来有点儿复杂，但其实很简单，不妨用一个例子来说明。

### 创业初期

罗煜和兰岚是大学同学，工作几年后，罗煜想自主创业——研发并销售一款运动手表。罗煜拿出 30 万元，兰岚拿出 20 万元，这 50 万元就是创业启动资金。为了更好地研发运动手表，罗煜找来了在芬兰从事相关行业的中学同学项博，但项博从国外回来参加创业，没有太多资金，经商议，算他技术入股20万元，由罗煜和兰岚各分摊10万元。三个人成立了公司，品牌定为“枫”。三个人的持股比例为：罗煜40%，项博40%，兰岚20%。

**天使轮融资**

通过一年多的研发，“枫”的第一款运动样表诞生了，具备监测和显示多种环境与体能指标的功能，同时可实现USB充电，可通过蓝牙将数据导入电脑，是颇具竞争力的一类新产品。现在的问题是，当前公司已经没有多余的运营资金继续推进运动手表的生产，如果想继续经营，就必须进行融资。此时罗煜找到了自己在登山时遇到的朋友林女士，林女士也是从事股权投资的专业人士，同时对运动手表也颇有兴趣，表示愿意出资参与“枫”天使轮的融资。

林女士投资经验比较丰富，她提出了三个建议：第一是要对公司进行估值；第二是为长远发展考虑，要建立股权池；第三是要对手表的一些创新功能申请专利。经过商量，大家一致同意此时公司估值200万元，并拿出20%的股权设立股权池。股权池是为公司未来吸引高级人才和建立股权激励预留的一部分股权。此后，林女士作为天使投资人出资40万元入股公司，获得20%的股份。之所以叫天使投资，是因为通常天使投资人都是在公司初创不久，还没有显著的业绩支撑的时候，仅凭着对项目的看好或者对创业者的信任进行投资，对于创业者而言就像天使一样。

此时，罗煜在初创期 40% 的股份在建立股权池时稀释至 32%，在天使轮融资后进一步稀释至 25.6%。但由于估值的增加，罗煜的股份按照估值计算价值为 51.2 万元（200 万元 ×25.6%）。

**A 轮融资**

公司已经成功拿到了部分功能的专利，同时第一款运动表经过改良已经具备投产条件，并谈好了几家网络电商平台进行线上销售。目前需要更多资金启动手表的批量生产。此时林女士找来了雪峰资本，一家专注 VC 投资的私募基金。由于已经具备专利、目标市场和订单，公司的估值达到 1 500 万元，雪峰资本同意出资 300 万元对“枫”进行风投，持股 20%。此时罗煜的股份稀释至 20.48%，但按照最新的估值，价值为 307.2 万元（1 500 万元 ×20.48%）。

**B 轮融资**

公司的产品“破风者”I 代户外运动手表已经上市，获得了一定订单量。公司准备扩大“破风者”I 代手表的生产，并通过网络广告做大销量。此时又到了需要资金的时刻，公司启动了 B 轮融资。此时公司估值 6 000 万元，长风产业基金出资 1 200 万元投资“枫”，获得公司 20% 的股份。罗煜的股份稀释至 16.38%，按照最新的估值，价值为 982.8 万元（6 000 万元 ×16.38%）。

**C 轮融资**

公司将“破风者”I 代手表升级为“破风者”II 代，在几家主流电商渠道形成了一定的市场占有率，同时公司设计了第二款产品“破雾者”，主要针对登山运动爱好者。公司已经实现了跨越式的发展，为了进一步扩大市场份额，并且将“破雾者”投产，公司启动了 C 轮融资。此时已经有不少私募基金慕名而来，希望投资“枫”。经过相互谈判选择，最终公司接受了领翔资本的方案，出让 20% 股份获得 4 000 万元的融资额。此时罗煜的股份稀释至 13.11%，按照最新的估值，价值为 2 622 万元（2 亿元 ×13.11%）。

**IPO**

IPO（Initial Public Offerings）是首次公开募股，是一家公司首次向社会公众以公开招股的发行方式募集资金，也就是上市。IPO 可以使公司获得更多的资金，同时也是不少投资人实现退出的方式。

公司已经具备“破风者”（日常运动系列）、“破雾者”（登山系列）、“破浪者”（潜水系列）和“破云者”（专业赛事系列）四个系列的运动手表，是中国市场占有率排名前五的运动表品牌，而且“破浪者”系列是国内唯一的潜水手表品牌，出口韩国、日本和东南亚各国。此时公司决定启动运动手表的全球出口计划，并且通过对知名体育赛事的赞助扩大品牌知名度。又到了需要资金的时刻，投资人商议决定拿出 20% 的股份进行 IPO。

公司最终通过IPO上市，各轮投资人也成功实现了退出，拿到了丰厚的投资回报。在上市后，公司可以通过银行贷款、发行债券或者增资扩股的方式进行再融资，不断扩大生产经营。“枫”从三个年轻人的梦想最终成为一个民族品牌，赢得了全球众多运动爱好者的喜爱和追捧。

最后，回顾一下“枫”的整个融资历程，见表8-1所示。

表8-1　“枫”的整个融资历程

| 股权持有人 | 初创期 | 设立股权池 | 天使轮 | A轮 | B轮 | C轮 | IPO |
|---|---|---|---|---|---|---|---|
| 罗煜 | 40.00% | 32.00% | 25.60% | 20.48% | 16.38% | 13.11% | 10.49% |
| 兰岚 | 20.00% | 16.00% | 12.80% | 10.24% | 8.19% | 6.55% | 5.24% |
| 项博 | 40.00% | 32.00% | 25.60% | 20.48% | 16.38% | 13.11% | 10.49% |
| 股权池 | | 20.00% | 16.00% | 12.80% | 10.24% | 8.19% | 6.55% |
| 林女士 | | | 20.00% | 16.00% | 12.80% | 10.24% | 8.19% |
| 雪峰资本 | | | | 20.00% | 16.00% | 12.80% | 10.24% |
| 长风产业基金 | | | | | 20.00% | 16.00% | 12.80% |
| 领翔资本 | | | | | | 20.00% | 16.00% |
| IPO | | | | | | | 20.00% |
| 合计 | 100.00% | 100.00% | 100.00% | 100.00% | 100.00% | 100.00% | 100.00% |

其实一家企业的融资历程就好比种一棵樱桃树。最初的创业者把种子种在土地里，并精心培育。天使投资人看到种子发芽了，就进行投资，所以这个阶段也叫“种子期”。而后，种子长成了树苗，显示出了不错的成长势头，风投机构看到树苗之后进行投资，这个阶段也叫“成长期”。等到树苗长成了参天大树，已经结出一簇一簇的樱桃，各类股权投资基金就开始争相投资了，这个阶段也叫“成熟期”。每个阶段，都会有不同类别的股权投资机构，以不同的目的来进行投资。

## 私募股权基金的分类

吃饺子都要问是什么馅儿的，如果要参与私募股权基金，也有必要了解私募股权基金的分类，知道每一类基金的投资风格与特点。

### 风险投资

风险投资（Venture Capital，简称 VC）在中国也被称为“创业投资”，主要投资对象是不具备上市资格的小型的、新兴的或未成熟的高新技术企业，通过注入资金促进被投企业发展，而不是为了控股。风险投资通常在企业早期，一般投资周期是 5~7 年，退出方式一般是被投企业上市或股权转让。

风险投资虽然是早期投资，但是与天使投资有着显著区别。天使投资大多是由个人以自有资金对感兴趣的企业进行投资，其投资成本更低，一般被投企业的规模更小。此外，天使投资是自有资金，风险投资基金是集合投资基金。

### 并购基金

并购基金（Buy-out Fund）是专门从事收购、并购业务的基金。并购基金投资于已有的公司，而不是创建新公司。并购基金追求对被投企业拥有一定控制权，参与其决策管理。

并购基金比较偏向于已经形成一定规模和产生稳定现金流的

成熟企业，而不是新兴的高新技术企业，这一点与风险投资基金不同。投资期限在 3~5 年，或者更长，流动性差。退出方式包括 IPO、出售、兼并收购、管理层回购、清算等。

### 夹层基金

夹层基金（mezzanine）的本质是一种借贷资金，夹层融资与普通贷款基本一致，但是在企业的偿债顺序中位于银行贷款之后、在股权之前，也就是次级债权。其具体形式可以是次级贷款，也可以是可转换票据或者优先股。

夹层基金的还款期限一般为 5~7 年，退出的确定性较大。夹层基金的收益包括几种：一是现金票息，会高于相关银行间利率；二是还款溢价；三是股权激励。

### 重振基金

重振基金（turnaround fund）专门针对运营业绩不佳的企业进行投资，尤其是处于财务危机或者重组进程中但仍具有长期市场生存能力的企业。重振基金通过对企业注资改善企业的经营状况，实现价值提升。

### FOF

FOF 是基金中的基金，即本身不直接投资于企业或项目，而是专注投资于其他基金，并获得回报。由于私募股权基金的门槛较高，最低需要 100 万元起，部分排名靠前的基金可能设有 500 万元甚至 2 000 万元的投资门槛，同时风险比较集中。对于个人或中小型机构投资于私募基金的资金成本和风险都过高，这时则可以选择 FOF。FOF 集合了众多投资人的资金，再去投资其他的私募基金，不但可以分散风险，同时可以降低投资成本。

## 婚姻般的股权投资

如果说证券投资基金的投资就像谈恋爱，那么私募股权基金的投资则更像是结婚。遇到不合适或者不开心的情况，证券投资基金的投资者直接卖掉股票或债券的基金份额分手走人。人们可能在一段感情中收获不少甜美的回忆，也可能付出很多真情却并没有得到多少回报，就像投资的收益或亏损。但恋爱是自由的，有可能是几个月的感情，也可能几年甚至几十年。股权投资就完全不同了。只要投资，就相当于开始了一段婚姻，因为股权投资的期限非常漫长，而且未上市股权的流动性非常之差，想退出并非易事。不过培养一个成功的上市公司，还真有些像因美好的婚姻而孕育出的孩子，守护着孩子慢慢成长，不也是一件幸福的事儿吗？

既然股权投资类似婚姻，自然要慎重选择，真诚付出，用心经营。人们在择偶时，会综合考虑对方的人格品性、相貌身材、学识能力、经济实力、家庭情况等。其实选择投资一个项目（企业或公司），大体也有一些类似的标准。

### 项目所在行业的情况

选项目之前先看其行业发展前景，一般私募基金偏爱潜力较大、发展前景较好的行业，而不会选择一些过于成熟甚至是处于夕阳状态的行业。比如，20 世纪 90 年代人们愿意投资磁媒行业，比如磁带、磁盘、录像带。过了 10 年，光媒开始取代磁媒，人们肯定不会再投资磁媒行业，转而投资光媒行业，比如光盘、DVD 刻录机。又过了 10 年，光媒行业也日渐衰落，云存储兴起，人们又会将投资方向调整至云数据的相关行业。如果选错了行业，即便是再优质的企业，也很难有未来。

### 项目在行业中的竞争力

对于一个朝阳行业来说，会有很多的竞争参与者，这个时候就要看所选项目在行业中的竞争力了。每个行业都有细分，如果所选项目在行业的细分领域能够占有较强的竞争地位或者市场份额，就更值得投资。或者，一个项目具备一款或一类极具竞争力的产品，有着与众不同的特色或者具备专利，那么也是有可能在未来迅速占领市场份额的。

### 项目持续经营的能力

在马拉松赛事里，最重要的并不是速度，而是耐力。企业经营也是一场马拉松，利润永远不是衡量企业好坏的最重要指标，企业生存和发展的根本不是利润，而是现金流。一家利润可观的企业可能因为一时资金链的断裂立即倒闭，这样的例子举不胜举。但是只要企业能够保持稳定的现金流，它就能够长期存活下去，与竞争对手长期抗衡，最终成为行业龙头。所以，企业持续创造现金流的能力会比利润更加重要。这一点和结婚也很相似，女孩子在选择未来的丈夫时，一个从事稳定职业年收入 100 万元的男人在大概率上会比一个没有固定职业但有 1 000 万元现金的男人看起来更有发展潜力。

**项目的经营管理能力**

任何项目都源于人。任何企业在最初可能都源于一个人的梦想，后期会成为许多志同道合的人的共同奋斗目标。企业的掌舵人和管理团队在企业的发展中会起到至关重要的作用。通过与管理者接触、交谈可以直接了解他们的想法、计划和经营思路，也可以判断他们的学识、性格、管理能力。同时，通过公司的制度、工作流程、商业计划书等资料也可以间接了解管理者的能力。婚姻更是如此，说来说去，结婚不是和房子、金钱、职业这些身外之物结婚，核心还是选人。这个人是否善良正直、温柔体贴，才是真正主导婚姻幸福与否的核心。

**项目退出机制**

股权投资唯一与婚姻不同的一点，就是股权投资还是会退出的，而婚姻是要相守终生的。股权投资的目的是盈利，经历 3~7 年婚姻般的长跑之后，一定要考虑最后如何实现盈利的目标，也就是如何退出。一般而言，IPO 是私募股权投资最理想的退出方式，所以在选择项目时，一定要考虑被投企业未来的上市潜力和条件。当然，除了上市，也有收购等其他退出方式，这些都是要在投资之初考虑的问题。

虽然我把股权投资比作婚姻，但是这个比喻千万不要反过来。如果把婚姻当作投资，那真的不知道是否能够获得幸福。投资的目的是获利，而婚姻的目的是幸福。

## 私募基金的生命流程

前文介绍了私募基金所投资企业的融资阶段和发展历程，那么私募基金本身的生命流程又是什么样的呢？私募基金运作的主要流程包括基金设立、基金募集、投资管理、增值服务、退出获利几个阶段，见图 8-1。

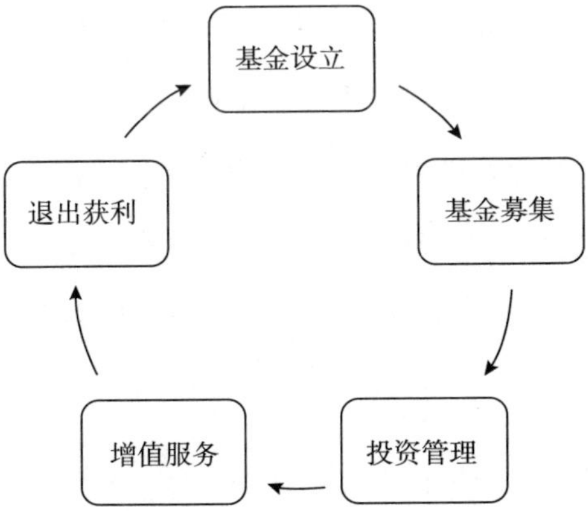


图 8-1　私募基金的生命流程

**基金设立**

基金设立主要是基金组织形式的选择和基金的注册登记。私募基金的组织形式主要有四种，分别是公司制、有限合伙制、契约制和信托制。

公司制基金是按照公司的形式组建的法人实体，投资人通过购买公司股份成为股东，公司的董事会会聘任管理人员来负责公司的投资管理。

有限合伙制基金是由投资人和管理人以有限合伙的形式共同出资组建的基金。投资人也被称为有限合伙人，即 LP（Limited Partner）。有限合伙人的“有限”体现在权利义务上，在权利方面，有限合伙人是不能对外代表公司的，一般也不参与公司的经营管理，投资大多是为了获得回报；在义务上，有限合伙人只以出资额对企业债务承担责任。

契约制基金使用协议约定形成契约并以契约为基础组织起来的基金，契约制基金的管理人更多扮演为投资人进行专业理财的角色。

信托制基金则是由专门的信托机构接受投资人的委托，再寻找基金管理人进行基金投资。实际上在投资人和基金管理人之间又形成了一层信托关系，专业性和稳定性得以提升，但会增加基金的成本。

目前在实际应用中，公司制由于涉及双重税负等问题，没有被广泛采用。有限合伙制是大多数私募基金选择的组织形式，中国的弘毅投资、鼎晖投资，以及美国的黑石（Blackstone）等，都是采用有限合伙的形式。契约制多用于证券投资基金，中国的公募证券投资基金基本都是契约制，而私募证券投资基金也有很多采用契约制。

**基金募集**

基金的募集是私募基金运作中非常重要的一个环节。基金募集是否成功，募资是否充分，直接决定了基金能否开展后续的运作。一些知名的基金管理公司依靠其品牌价值可以较容易获得资金，但对于品牌知名度较低的基金公司来说，募资就成为一个较大的难题。私募基金与公募基金不同，其在募集时不能在公开场合进行宣传，不能做广告，不能向非合格投资者募资，因此其募集的渠道其实非常有限。其主要的几个渠道包括：通过自身销售机构向合格机构或个人投资者募集，以及通过商业银行的私人银行或财富管理中心等专门针对高端客户的零售渠道向高净值人士募集，或者委托第三方财富管理机构进行募集。一些金融机构也是可以投资于私募股权基金的，尤其是保险资管，保险资管的资金规模非常庞大，也是私募基金的一大募资来源。

**投资管理**

私募基金的投资管理和企业进行人才招聘一样，先海选，再针对筛选通过的人进行有针对性的考核、面试、背景调查，然后确定工作方案，也就是定岗，最后签订劳动合同。私募基金的投资管理主要包括项目获取、项目筛选、尽职调查、价值评估、方案设计和交易实施几个阶段，见图 8–2。

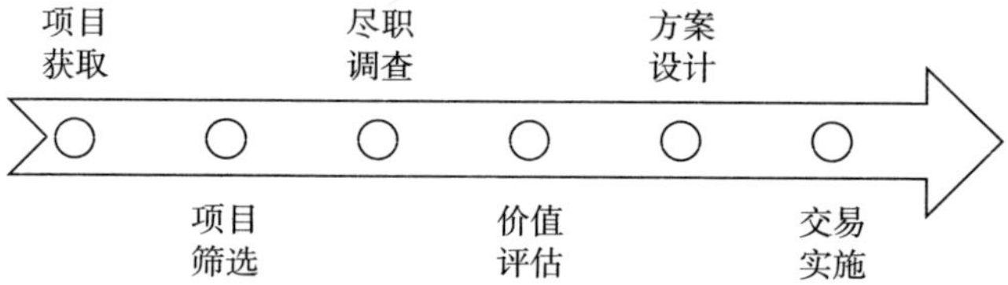


图 8–2　私募基金的投资管理流程

首先要有充足的项目储备，一般是管理人从各种渠道收集来的可被投资企业的信息，形成项目储备池。针对储备的项目，进行初步筛选，根据经验和项目所在市场和发展情况等信息进行评估，筛掉不靠谱的项目。对于剩下的项目，就需要展开尽职调查了。尽职调查的内容包括企业的组织架构、经营情况、财务状况、人力资源、产品竞争力、客户占有率等信息。之后，需要对拟投企业进行价值评估，主要采用现金流折现法、市场法、成本法等方法来预估企业未来的发展和盈利情况，以及基金可能获得的价值。尽职调查和价值评估非常专业，一般私募基金会委托专业的会计师事务所、律师事务所或者咨询公司来完成。投资方案设计主要是对拟投企业的具体投资方案进行确定，确定之后，即可开始与被投企业的谈判。通过谈判，最终确定具体的实施方案，拟定相关协议，即可完成交易，向企业注资。

### 增值服务

增值服务是私募基金在向企业注资之后，通过参与企业的经营管理或进行其他有助于企业经营的活动，提升企业价值的行为。私募基金的投资人和基金管理人都是在各行各业拥有较丰富资源的机构或个人，同时也对企业的经营管理和很多行业具有丰富的经验，它们的参与可以为被投企业提供有价值的管理或者信息，多数情况下，是能够使被投企业得到改善的。

### 退出获利

私募基金前期所做的一切都是为了最终的退出获利。私募基金的退出渠道包括但不限于下三种：

- IPO 退出：所投资企业上市，私募基金将自己的股权出售，获取利润。
- 并购退出：将所投资企业的股权转让给第三方企业并从中获益。
- MBO 退出：将股权转让给所投资企业内部的管理层或者员工。

## 私募基金的管理

私募基金并没有像银行、券商或保险等金融机构那么庞大的体系，多数私募基金的团队往往十分精简。只有一些知名度高、体量较大的私募基金才会拥有百人以上的团队，并且拥有各个职能部门。不过不论体量大小，私募基金管理人所做的事情是相似的，公司内各个职能设置也是相似的。

私募基金有着与公募基金相似的三大职能板块：投资者服务、投资以及运行支持，实际上也就是前台、中台和后台。不过私募基金由于面向的投资者数量比较少，因此只需要少数人做销售服务工作，同时由于股权投资不像二级市场投资，并不会涉及净值的频繁变化，所以后台人员也比较精简。私募基金的主要团队和人员集中在投资板块，投资也是私募基金的核心。对于一些规模比较小、专注于某一类型的投资的私募基金，例如 VC 或者并购，可能整个公司只有几个人。最迷你的私募基金甚至可以精简到两个人，一个具有丰富经验、眼光独到的投资人，以及一个负责流程和协议等一系列具体事宜的律师。至于基金的销售募集和基金的会计账务，都可以外包给专业的第三方机构来做。

一家五脏俱全的私募基金大体的组织结构如图 8–3 所示。

## 关于私募的几个热点问题

### 怎样才能投资私募基金？

我们知道投资私募基金的门槛比较高，但具体标准是什么呢？对于个人投资者而言，包括三个条件：

1. 具备相应风险识别能力和风险承担能力。

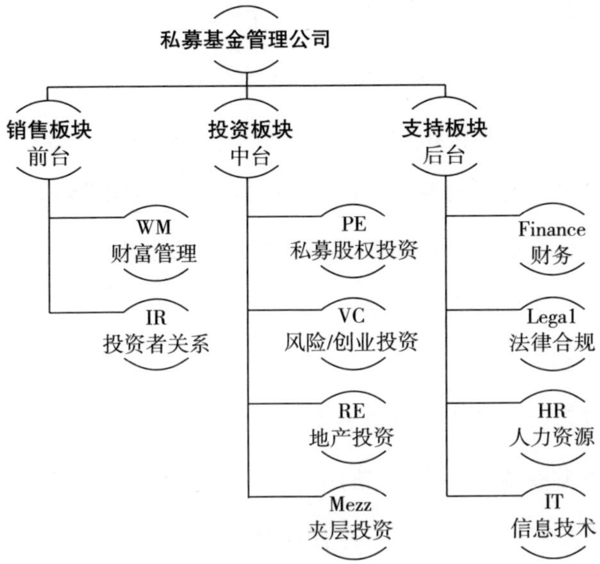


图 8-3　私募基金的部门设置

2. 投资于单只私募基金的金额不低于 100 万元。

3. 单位净资产不低于 1 000 万元，个人金融资产不低于 300 万元或者最近 3 年个人年均收入不低于 50 万元。

达到这些条件，就可以投资私募基金了。但是有些名气比较大的私募基金会提高最低投资门槛，因为私募基金有人数限制，所以它们会优先向投资额度更高的人群募集。一般知名私募股权基金的投资门槛在 500 万元甚至 1 000 万元以上。

**私募基金中的 GP、LP 指的是什么?**

如前文所述，有限合伙制基金是由投资人和管理人以有限合伙的形式共同出资组建的合伙企业。投资人也被称为有限合伙人，即 LP。有限合伙人的“有限”体现在权利义务上，在权利方面，有限合伙人是不能对外代表公司的，一般也不参与公司的经营管理，投资大多是为了获得回报；在义务上，有限合伙人只以出资额对企业债务承担责任。而与 LP 相对的是 GP（General Partner），即普通合伙人，就是基金的管理人。普通合伙人从事基金的管理，代表基金对外投资并采取各种行动。

**私募基金管理人靠什么盈利?**

私募基金是收取管理费用的，一般会在合同中约定。但私募基金管理人的盈利点大多不在管理费上，而是从基金成功退出的项目中获得丰厚的回报。作为 GP，基金管理人也会出资，基金获得收益时，管理人自然也会分到相应的利润。所以，基金管理人的盈利来自两方面：管理费只是维持公司经营的日常费用，大部分收益主要来自项目退出的红利。

第九章

# 境外资管也疯狂

## 境外资管也疯狂

当收入达到一定程度时，人们会选择消费一些进口商品，享受不同的体验，获得不同的感受。人们也会选择出境旅游，领略不一样的风景，体验不一样的文化。人们还愿意到发达国家接受高等教育，开阔自己的视野，增长自己的见识。那投资呢，其实当资产到达一定量级的时候，人们也愿意投资一些海外资产，以丰富自己的资产配置。

为什么呢？其实理由很简单，当人们购买进口商品、出境旅游、出国留学时，都需要直接或间接用到外汇。外汇是有波动的，波动就会伴随风险。如果你一辈子都不购买进口商品、不出境旅游、不出国留学，那么可能汇率对你的影响并不大，不过一旦走出去了，就免不了和外汇打交道。举个例子，2015 年时，美元对人民币汇率为 1：6.25；但 1 年后汇率变成了 1：6.7。如果 2015 年用 20 万元人民币兑换了 3.2 万美元，那么 1 年后这 3.2 万美元就相当于21.44万元人民币。1年时间就获得了1.44万元的净收益，相当于年化收益率为7.2%。这个收益秒杀各类银行理财产品收益，基本能够达到信托产品的收益水平。但如果2015年没有兑换美元，无论是2016年出国旅游或读书，还是购买进口商品，都需要比2015年时多支付7.2%的成本。从这个角度，海外资产配置可以达到对冲汇率风险的目的。

从投资的角度，发达国家资本市场比中国股市相对成熟，从长期看能够提供更加稳定的回报。而且，当一个国家经济出现问题时，资本市场的表现也会低迷，这时候如果能够将资产在各国之间进行配置，就能对冲某个国家的系统性风险。

出于对冲汇率风险和系统性风险的目的，越来越多的人开始配置外汇和境外资产，高净值人群更是如此。一开始人们只是兑换一部分美元以备不时之需，慢慢地会开始配置一些境外的投资产品，甚至投资境外的房产。那么境外资产配置都有哪些产品或途径呢？

最基础的境外资产配置是持有外汇，例如持有美元或欧元。其实持有外汇本身也是一种资产配置的方式，但是这种方式过于简单，因为外汇账户本身利率较低，收益可以忽略不计，而且当所持有的外汇币种贬值时，投资者反而会因此遭受损失。所以，给持有的外汇加持一些金融产品，例如外币理财产品或者以外币购买的基金，这样就能获取一部分投资收益。配置外汇还要注意的一点是，在兑换外汇时，一定要先换成现汇，至于原因，我会在后文详细介绍。

中低风险的境外资产配置主要是债券（包括债券基金）和保险。境外债券市场的参与起点很高，主要是机构投资者参与，但个人投资者可以通过购买债券基金分享境外债券市场的红利。境外保险也是一种非常不错的配置选择，越来越多的人根据需求选择在中国香港购买保险。

中高风险的境外资产配置包括境外的股票、期货、私募基金等资产。无论是哪种境外资产，我建议，在不了解境外市场的情况下，都不要直接投资，而且也很难有渠道直接投资，还是需要借助专业资管机构的平台和产品进行境外资产配置。

## 现钞和现汇，该兑换哪个？

现钞和现汇有什么区别，应该兑换哪种？请记住这个答案：换现汇。

在搞不清楚两者关系的时候，永远换现汇。因为从银行换出现钞和现汇的价格是一样的。但是银行在回收现钞和现汇时，两者之间是有差价的。现汇可以随时无条件转换为现钞，你前一秒兑换的现汇，可以在下一秒从银行窗口变成等额的现钞取出来。但如果你不幸换成现钞，想换回现汇，那就需要额外支付一笔钞转汇的差价了。

为什么会这样呢？这就好比工作单位的工会发放节日福利，2 000 元的现金红包和 2 000 元额度的 A 商城购物卡，你会怎么选？

当然会选现金！因为现金在哪里都能用，包括 A 商城。但是 A 商城的购物卡只能在 A 商城使用。其实现金和购物卡就相当于现汇和现钞。现金是流通的，而购物卡必须在指定地区消费。试想，如果单位工会只发放了 A 商城购物卡呢？你会有两种选择：第一，去 A 商城花掉。这就好比你换了美元现钞，可以去美元流通的国家旅游时花掉。第二，转让给别人，但一般都会折扣转让，比如九折、八折等，这样你会产生损失。这就好比你把美元现钞拿到银行换成了美元现汇（我们不讨论直接换成人民币的情况），也会产生一定的差价损失。从银行的角度，持有现汇就相当于持有本币现金，可以在国内或国际货币市场自由使用这些资金去进行拆借和流通，并产生相应的利润。但是银行持有的现钞就相当于购物卡，离开了指定的商场就是废纸，现钞没有办法实时用于货币市场的拆借和流通。如果想流通，银行也必须把这些钞票运输到能够流通的地区，虽然不一定是国外，可能是国内一家需要现钞的其他商业银行或者本银行的其他分行，但银行也需要把这些钞票运送给它们才行，这里的运输、保险和时间都是需要成本的。正是因为这些成本，银行会偏爱现汇，就像你在现金和购物卡之间会选择现金一样。如果你要给银行现钞，那银行也只好多收你一些手续费来弥补它的损失了。

或者你也可以这样理解，现汇是电子的钱，现钞是纸质的钱。如果你想在母亲生日时给她 2 000 元生日红包，在没有支付宝和微信的时代，你需要见到母亲，亲手把钱交给她。但是在如今的互联网时代，你可以直接微信转账给她。现钞和现汇之间的价差就是你的跑腿费。

为什么要在境外资管这部分内容中讲现钞和现汇呢？因为境外资管产品需要用到外汇，而多数产品是只能使用现汇投资的。所以记住这个选择：永远换现汇。

## QDII 是啥？

QDII 是一种制度，是境内资管机构向境外投资时要用的“粮票”。粮票也曾是一种制度，是在 20 世纪 50 至 80 年代中国粮食紧缺的背景下，以票购粮的一种凭证。如今，我国粮食储备已经足够，粮票早已退出历史舞台。目前中国的资本流动还没有实现完全自由流动，所以资本项下的出境投资还是需要资格管理和额度控制的，也就是说，也需要凭“粮票”投资。

资本为啥不自由流动？因为按照蒙代尔－弗莱明模型（Mundell-Fleming model），在稳定的汇率下实现资本自由流动，货币政策就可能会失效。这也是著名的“不可能三角”（impossible trinity）法则，即资本自由流动、汇率稳定和独立货币政策三者不可能兼得。这就好比工业发展、新鲜空气和温暖的冬天三者一样，也是一个不可能三角。工业发展伴随雾霾，但北风可以吹走雾霾，所以既有工业发展又有新鲜空气的冬天就会很寒冷。如果想要一个没有凛冽北风的暖冬，则要么停止工业排放，雾霾也不会产生；要么就继续发展工业，但一定会伴随雾霾。所以工业发展、新鲜空气和暖冬必须牺牲一个。

于是，为了保证汇率的相对稳定和货币政策的独立性与有效性，牺牲资本的自由流动，这也是我国做出的选择。不过，我们仍然有 QDII 这样的方式可以实现对境外的投资。

QDII 的全称是合格境内机构投资者，是英文 Qualified Domestic Institutional Investor 的缩写。有境外投资能力与需求的资产管理机构会向中国证监会和国家外汇管理局提出申请，对于符合条件的机构，中国证监会会发放 QDII 资格，国家外汇管理局会配置投资额度。这些 QDII 机构包括商业银行、证券公司、保险公司、信托公司和基金管理公司等，主要是那些主流的持牌资产管理机构。这些机构会单独设立国际业务部来专门负责管理 QDII 产品。

拿到 QDII 资格与投资额度的资产管理机构，就可以进行海外投资了。商业银行会发行 QDII 理财产品，基金管理公司会发行 QDII 公募基金或者一对多专户资管计划，信托公司会发行海外投资信托计划，保险公司会将险资做海外投资配置，证券公司会发行集合资产管理计划。普通投资者是不能直接参与海外投资的，但是可以通过购买 QDII 产品分享海外投资的收益。

## 境外资产的选择

选 QDII 产品时会涉及市场、投向、风险、币种等多个要素，但也并不复杂，主要从以下几个方面进行选择即可。

### 看产品投向

与人民币的各类资管产品一样，QDII 产品也会有各种各样的投资方向，比如投资境外股票的 QDII 产品、投资境外债券的 QDII 产品，还有挂钩或投资于黄金、油气等大宗商品的 QDII 产品，也有投资于房地产领域的 QDII 产品。

### 看投资市场

除了产品分类，投资 QDII 产品时还需要关注产品所投资的市场，有些 QDII 产品仅投单一市场，比如美国；有些产品会以一类国家或市场作为投资目标，比如新兴市场；还有些产品会在全球各个国家和市场做均衡的资产配置。

### 看风险偏好

在选择 QDII 资管产品时，建议首先确定自己的风险偏好，看看自己是想以保值为目的，还是以增值为目的，或者是想更广泛地进行资产配置。如果是以保值为目的，可以选择以境外债券为投资标的的 QDII 产品。如果是以增值为目的，则可以选择境外股票为投资标的的 QDII 产品。如果是想广泛地配置资产，那么除了境外股票 QDII 产品，还可以选择以大宗商品和房地产为标的的 QDII 产品。

### 看管理方式

由于对境外市场缺乏投资研究，很多管理人并不会直接投资境外资产，尤其是股票资产，而是通过间接投资的方式进行QDII产品的投资。第一种方式是投资指数基金，宽基指数是一个市场的风向标，选择指数基金可以非常好地分享整个市场的收益，同时规避个股风险，也节约了选股的成本。全球各国（地区）的主要指数包括：

- 美国：道琼斯指数（DJIA）、纳斯达克指数（NDX）、标普500指数（SPX）。
- 英国：富时100指数（FTSE）。
- 中国香港：恒生指数（HSI）。
- 中国台湾：加权指数（TWII）。
- 日本：日经指数（N225）。
- 德国：DAX指数（GDAXI）。
- 法国：CAC40指数（FCHI）。
- 新加坡：海峡指数（FTSE）。

第二种方式是采取基金链接的方式，直接将QDII产品投资于境外的基金，一般会选取品牌响亮、业绩卓越、运作成熟的境外共同基金，这样就相当于把这只境外的优质基金直接复制过来，让国内的投资者能够通过QDII基金间接购买这只共同基金的份额。第三种方式是采用基金中的基金（FOF）的方式，投资于多个在境外发行的共同基金，获得这一揽子基金的综合收益。

**看募集币种**

QDII 产品可以以人民币募集，也可以以外币募集，比如美元。如果是 RQDII（人民币 QDII）产品，则只能以人民币募集。募集币种的选择我会在下一个话题专门进行介绍。

## 美元基金和理财产品

起初的 QDII 公募基金和 QDII 银行理财产品大多以人民币募集，产品会在募集资金之后将人民币兑换成美元或其他货币，投向境外市场。这当然是一种参与境外资产配置的方式，能够分享境外投资的收益。但是，随着人们手中的外汇增加，不少机构推出了以外币认购的公募基金和理财产品，尤其以美元居多，如此一来，投资者手中闲余的外币资产就可以直接用于境外资产配置，当有旅游或留学需求时，再赎回使用即可。以人民币募集的 QDII 产品，只能享受境外投资收益；以美元募集的 QDII 产品，则能够达到持有外汇和享受境外投资收益双重目的，其实是一种更加深度的跨境资产配置。我也非常推荐后者。

怎么才能购买以美元募集的资管产品呢？其实很简单，找银行的理财顾问咨询一下。又或者，你可以通过手机银行或者网上银行，在理财产品的页面选择“美元理财”，或者找到基金销售的页面在基金类别中选择 QDII 基金，找到带有“美元”标识的产品，这些产品都是以美元募集的。需要注意的是，没有特别说明是现汇还是现钞的产品，都需要以美元现汇购买。还记得换汇时应该选“现汇”还是“现钞”吗？答案永远是选现汇。当然也有少数产品是可以用现钞购买的，这类产品会标明“现钞”的字样，比如“博时亚洲票息收益美元现钞债券型证券投资基金”。不过能够以现钞募集的基金，一般也都会有现汇的份额类别，这只基金同样有一类份额是以现汇募集的——“博时亚洲票息收益美元现汇债券型证券投资基金”。

## 境外保险

越来越多的人到香港买保险，这也是一种跨境资产配置的方式。虽然香港属于中国的特别行政区，但同时香港也是一个国际金融中心，资本是自由流动的，所以香港的保险制度与内地存在一些差异。之所以很多人选择到香港买保险，主要是基于几个原因。

### 美元购买

在香港购买保险多以美元和港币计价，这本身就是境外资产配置的一种方式，而且这种方式兼具持有外汇、境外保障和跨境投资三种功能。尤其是选择期缴保费的方式，对于有境外旅游度假、子女留学、境外投资、养老和移民需求的人，是一种长期积累外汇的途径，避免日后突然需要用到大额外汇却受到外汇管制的影响。

**红利回报**

如果购买的是分红险，从过去10年的数据看，香港地区保险的年化红利回报率在4%~7%，内地保险的年化红利回报率在3%~5%。这与投资环境和市场情况有比较大的关系。

**多次赔付**

香港的重疾险基本上都是可以多次赔付的，意思是被保险人如果患有保单中列明的重疾，在痊愈之后不幸复发，或者又患有另一种重疾，香港地区的保险是可以重复赔付的。而多数内地的重疾险会在被保险人患病时一次性赔付保额，同时保单就解除了，日后如果复发或患有其他疾病，将不再赔付。相比之下，多次赔付的模式更有终生保障。不过一些内地的保险公司陆续也开始推出多次赔付的重疾险。

**赔付条款**

香港寿险的身故赔付基本包含了各种原因导致的死亡，例如吸毒致死、失踪、酒驾、核辐射等，但是内地的寿险附有很多免赔条款，对于前述原因导致的身故，很多保险公司是不予赔偿的。此外，香港的保险等待期比较短。

**医院范围**

香港保险认可全球多个国家和地区的医院诊断，包括内地的各大三甲医院。也就是说，被保险人可以在全球自由就医。而内地保险基本上只认可内地医院的诊断。

正是因为这些原因，越来越多的人选择了在香港购买保险。不过在香港购买保险也只是一种跨境资产配置的形式，真正在投保和理赔的便利性上，还是内地的保险更有优势。目前内地的保险很多都实现了网上直接填单投保支付，非常方便，但是香港保险需要亲自赴港购买，可能还要配合体检或者诚信告知自己的病史。我的建议是，第一份保单可以选择在内地直接购买，如果经济实力允许，将香港保险作为第二份保单，同时又能实现跨境资产配置，还是不错的选择。

# 第十章

# 资管行业外传

## 不容小觑的年金

随着年龄的增长，每个人都会有退休的一天。退休以后，你的收入从哪里来呢？在工作期间，企事业单位都会按月给员工缴纳养老保险和社保基金，由国家统一管理，你退休后的基础养老的钱就来自此。这也被称为养老保障体系的第一支柱。而我们个人所做的投资或者购买的商业保险，也可以为退休后提供一定的养老支持，这是养老保障体系的第三支柱。第一支柱来自国家保障，第三支柱来自个人投资或商业保险，那么第二支柱是什么呢？第二支柱是来自工作单位设立的年金。企业设立的年金叫作企业年金，机关事业单位设立的年金叫作职业年金。社会养老这三个支柱分别来自社会、用人单位和个人，形成了由宏观到微观的梯度养老保障体系。

很多优秀的企业会给员工配有各种福利制度，比如一个不错的食堂。单位食堂省去了员工很多的麻烦事儿，员工不用再为吃饭操心发愁。一般有食堂的单位会将餐补发放到员工的餐卡里，员工也可以自行向餐卡充值。年金其实和单位食堂非常相似，是由用人单位为员工建立的一种补充养老保险制度。优秀的企业会用企业年金来吸引人才。企业在每个月发放员工工资时，会和员工个人共同缴纳年金，企业缴纳一部分，员工缴纳一部分，最终都计入员工的个人年金账户，在员工退休后像养老金一样发放。年金会集中起来由专业的资产管理机构进行投资，而且资管机构的选择、投资的业绩都不用自己操心，单位都会统一安排打理好的。

每月缴纳了年金，是不是到手的收入就会少一些呢？千万不要这么想。第一，你自己缴纳多少年金，单位就给你缴纳同样额度的年金，最后都会进入你的个人账户，缴纳额度会根据工资的比例由单位统一安排。所以，从这个角度看，年金其实是缴多少就赚多少。第二，在一定的比例内，缴纳年金是不计个人所得税的，所以缴纳额是税前的。第三，年金的投资普遍比较稳健，通常也会实现不错的收益。

年金也是一种资产管理，这种资产管理类似于单位与个人每月税前进行基金定投，直到员工退休，开始领取。年金会由企事业单位统一发起，由单位代表和职工代表组成年金理事会，由年金理事会选择一家受托人进行年金的管理。受托人通常由具备资格的养老保险机构或商业银行来担任，受托人会选择年金计划的投资管理人，投资管理人包括具备资格的公募基金、证券公司资管、保险资管等资产管理机构，由相应的银行作为托管人托管，并由账户管理人对每一位员工的个人年金账户进行记录。年金的投资以固定收益产品为主，也会配以少量权益类和非标产品，收益大多稳健，多数年金产品的年化收益率在 4%~8% 左右。

举个年金的例子，为了方便理解，我们考虑最简单的情况。一家企业给员工设立了企业年金计划，每月由单位和个人分别缴纳 1 500 元，合计 3 000 元，一年就是 36 000 元。假如年金计划的投资收益率保持在 6%，那么一个员工从 26 岁参加工作到 60 岁退休，个人年金账户的累计额度是 425 万元。在这个假设中，每月的缴存额是不变的，而实际情况是随着工资的增长和通货膨胀，年金的缴存金额可能提高。此外，例子里年金的累计收益是按年复利计算的，实际情况应该是月复利。员工退休时可一次性领取，也可以像养老金一样按月领取。如果员工中途跳槽，年金会跟随员工转到下一个单位的年金计划中，如果下一个单位没有设立年金，年金会保留在原单位直到退休。如果出现员工完全丧失劳动能力、出境出国定居或者退休之前死亡的情况，是可以提前领取年金的。

很多单位会拿“五险一金”吸引人才，而现在很多优秀企业已经升级到“六险两金”，这增加的一险一金就是补充医疗保险和企业年金。如果你的企业为员工设立了年金，那么请珍惜这样的公司。

## 期货资管计划

每个情人节都是玫瑰的巨型消费日，天下的男朋友都会通过送玫瑰来表达自己对女朋友的爱，当然也不乏夫妻之间的赠送。小赵知道情人节当天玫瑰会涨价，就在1月份找花店老板交了20元定金，约定在情人节当天以168元的价格购买33朵红玫瑰，拿货时付清尾款。小王则是在2月14日情人节当天到同一家花店购买了与小赵同款的红玫瑰，由于当天玫瑰供不应求，实际价格是268元。两个人分别送了同一种玫瑰给自己的女神，却花了不一样的成本。小王的是现货，小赵的是期货。

期货就是在未来某一时点以事先确定的价格履行交易的合约，可以理解为定金机制。当预期玫瑰花会在情人节涨价时，就预定好当天的玫瑰，定金就是购买合约的成本，约定的价格就是合约价格。在情人节当天，小赵可以执行这个期货合约，交付148元的尾款获得玫瑰，这样就比在当天以268元的价格购买玫瑰节省了100元。如果这期间小赵不幸失恋，他也可以在情人节当天把这个合约卖给其他人，有的是人愿意以不超过现货的成本接受这份合约。那么试想，要是明知道情人节玫瑰会涨价，小赵去买1万份合约呢？就会获得100万元的利润。这就是期货投资，或者叫投机。

但期货的风险非常大，小赵知道情人节玫瑰会涨价，花农当然也很清楚当天玫瑰会供不应求，如果花农大幅扩大玫瑰的种植量，结果情人节当天市场的供花量突然提高，导致当天都卖不出去，玫瑰价格反而下跌了，那么小赵将会蒙受损失。如果他只是购买了1份合约，最后只要能够送给自己心爱的女朋友，倒也不需要用金钱来衡量盈亏了，但如果他做了期货投机买了1万份合约，就会蒙受巨额损失。

农产品、金属、能源、化工等都属于商品期货的范畴，可以在期货市场进行交易。期货交易像股票交易一样，可以通过期货公司下单投资。但是投资期货风险比较大，需要一定的专业知识。有没有期货资产管理呢？有的，就是期货公司资产管理计划，简称期货资管计划。期货资管计划其实也是一种私募基金，由具备资管条件的期货公司发行和管理，一对多期货资管计划的参与门槛是100万元，可以投资于期货市场和证券市场。

不过需要提醒的是，由于期货资管计划于2012年刚刚起步，到2018年年末总规模还不足3 000万元，与其他资管产品无法相提并论。而且目前大多数期货资管计划的主要仓位并不在期货市场，而是配置到了权益类资产当中，甚至有些期货公司直接和基金公司合作发行基金一对多产品，成为纯粹的二级市场股票投资。不过也有少数产品会有一定仓位做期货投资，相信未来这个产品会逐渐成长起来。

## P2P也属于资管吗？

P2P属于资管吗？ P2P不属于资管。

但是P2P也有产品，也有投资收益率，这不就是资管吗？那只是P2P把它们提供的服务用类似资管产品的形式呈现出来，但本质上并不是资管。

那么P2P是什么呢？ P2P是网络资金借贷平台，类似网络婚恋平台，做的是撮合业务。

打开一家 P2P 的官网主页，或者打开一个网络婚恋平台的官网主页，都能看到类似的内容，如表 10–1 和表 10–2 所示。

表 10–1　某 P2P 平台官网主页

| 年化收益率 | 期限 | 项目金额 | 项目类型 | 还款方式 |
| --- | --- | --- | --- | --- |
| 6.70% | 6 个月 | 80 000 | 车辆抵质押担保 | 按月付息到期还本 |
| 7.20% | 12 个月 | 65 000 | 车辆抵质押担保 | 按月付息到期还本 |
| 7.25% | 12 个月 | 725 000 | 房产抵押担保 | 按月付息到期还本 |
| 6.90% | 8 个月 | 30 000 | 合作机构担保 | 按月付息到期还本 |
| 6.65% | 3 个月 | 52 650 | 车辆抵质押担保 | 按月付息到期还本 |

表 10–2　某网络婚恋平台官网主页

| 家乡 | 性别 | 年龄 | 身高 | 职业 | 房产 | 车 | 兴趣爱好 |
| --- | --- | --- | --- | --- | --- | --- | --- |
| 苏州 | ♂ | 29 | 174 | 金融 | 有房有贷 | 有 | 读书，旅游 |
| 广州 | ♀ | 26 | 164 | 行政 | 无房 | 有 | 音乐，电影 |
| 青岛 | ♂ | 31 | 188 | 医药 | 有房有贷 | 无 | 潜水，书法 |
| 北京 | ♂ | 37 | 179 | 汽车 | 有房无贷 | 有 | 汽车，骑马 |
| 大连 | ♂ | 23 | 183 | IT | 无房 | 无 | 健身，旅游 |

两者都会列出很多信息，其核心模式是一样的：匹配。

可能很多人都会有疑问，P2P 列出来的不是正在募集的投资项目吗？还真不是，P2P 这些所谓的项目，其实是一个一个正在等待贷款的人借助平台发出的贷款要约，你选择项目进行了投资，实际上就是给你选择的这个人发放了一笔个人贷款。P2P 公司只是一个平台，负责撮合需要贷款的和有钱放贷款的人们“配对成功”。

P2P 的实质是网络借贷，是近年来的一项新兴业务，属于互联网金融的产物。之所以叫 P2P，是英文 peer to peer lending 的缩写，就是点对点借贷。就是相互不认识但有需求的人和人之间，通过互联网平台实现的直接借贷。P2P 公司就是为了撮合借贷的中介平台，它们的工作包括：信息搜集、信息公布、资信评估、信息交互、借贷撮合等。P2P 业务起源于英国，2005 年由亚历山大等人共同创立了一家名为 Zopa 的 P2P 平台，P2P 模式而后在美国得到完善和繁荣，先后出现了 Prosper、Lending Club、Kiva 等平台。

看到这里，你可能会关注一个问题：贷款收不回来怎么办？原则上，投资 P2P 是风险自担的，但平台会有各种方式帮助你讨债。首先平台会调查借款人的资信、职业、收入、抵质押品等情况，进行风险评估，通过评估的项目才会被放在 P2P 平台。贷后如果逾期未偿还，平台有一系列的手段进行债务追偿。也有些 P2P 公司是有担保机制的，会在项目到期发生逾期时先行向投资人垫付本息，然后再去向借款人追讨债务。

然而 P2P 最大的风险并不在贷款逾期，而是平台跑路。据统计，截至 2018 年年末，中国市场 P2P 平台的累计数量为 6 451 家，然而尚在正常运营的平台只有 1 034 家。[1]剩下的呢？不是关门倒闭，就是跑路了。注意，P2P 平台一旦跑路，它们会把你投资的资金卷走，所以你的投资款大概率是要不回来的。你看中的是项目收益，人家看中的却是你的本金。

P2P 风险这么高，还能投资吗？其实 P2P 也在逐渐走向专业

1　统计数据来自网贷之家官方网站：https://www.wdzj.com/。

化和规范化的道路，而且确实是一类预期收益颇高的产品。我的建议是，核心资产还是应该配置在稳健的银行理财产品、保险以及固定收益类的基金、信托等产品上，如果还有闲余资金，再考虑 P2P 的投资。而且，在特别需要用钱时，尤其是在很短时间内急用，找银行贷款来不及，管朋友借钱伤感情，通过 P2P 贷款也不失为应急之选。虽然年化利率很高，但时间够短的话，实际利息其实没有多少钱。

## 资管的委外

委外是资管行业的行话，意思是把资产委托给外部资管机构进行投资管理，一般是针对机构投资者而言的。

委外这个词起源于商业银行的资产管理业务，因为银行的强项在于信贷业务，虽然投资对于银行来说愈加重要，但还是排在信贷业务后面的。早期的银行理财产品大量投资于非标资产，其实也是银行的老本行——信贷业务的一种衍生，只是绕了个圈，用理财资金去对接了信贷项目，还实现了资产出表。但是随着资管新规的酝酿和落地，商业银行越来越多地开始参与标准化资产的投资，这里包括债券，甚至少量的股票。我们说应该让专业的人来做专业的事，银行本身就是金融业中“专业的人”，所以人们会买银行理财产品。但在标准化资产投资这件事情上，还有比银行更专业的人，那就是基金管理公司等专业资管机构。基金管理公司的本职工作就是投资。

这就好像我们委托装修公司装修房子，装修公司对水电改造、贴砖刷墙这些工程都非常专业，但我们如果要装一个室内楼梯，很多装修公司就会“委外”了，它们会找专业的楼梯制造商帮它们完成这项工程。理财也是一样的，在银行理财中，银行会自行管理投资非标等资产的部分，也可能会选择拿出一部分投资债券的盘子委托给基金管理公司来进行投资。当然，最终投资者并不会感受到这其中有什么不同，因为银行提供给投资者的还是一个完整的理财产品，委外的部分是银行进行的分包工程。

银行的自有资金也是委外业务的主力。其实银行在债券市场上是一支非常主流的力量，其债券投资能力并不比基金管理公司弱，为什么还会有大量的委外呢？实际上，委外业务之所以得到快速发展，还有一个非常重要的原因，就是通过公募基金进行委外投资是可以获得税收减免的。

根据2002年的财政部和国家税务总局的128号文件《财政部、国家税务总局关于开放式证券投资基金有关税收问题的通知》，其中规定：“对投资者（包括个人和机构投资者）从基金分配中取得的收入，暂不征收个人所得税和企业所得税。”也就是说，银行通过公募基金投资债券可以不缴纳企业所得税。我们来算一笔账：银行要拿出自有资金10亿元进行债券投资，假设债券的收益率是5%，如果银行自身直接投资的话，一年的收益是5 000万元，但是要缴纳25%的企业所得税，实际的收益是3 750万元。如果以委外的形式通过债券型公募基金间接进行债券投资，同样是 5% 的收益率，收益不用缴纳企业所得税，剔除基金的管理费（通常 0.3%）和托管费（通常 0.1%），最终银行的收益是 4 600 万元，比自己投资足足节省了 850 万元。对于银行这种精明的机构，当然不会放过这种机会。

正是因为这个原因，委外业务得到了快速发展，大量的银行开展了委外业务。其实除了银行之外，保险公司和财务公司等机构早就在做委外业务了。尤其是保险公司，巨额保费衍生出大量的委外业务，有些交给自身控股的保险资产管理公司，也有一部分会交给基金管理公司和证券公司资管业务部门在进行投资管理。

## 资管行业的守护者

很多人喜欢玩乐透型彩票，乐透是一种合法的博彩玩法，非常有意思。不管乐透本身的中奖概率是多少，但它的存在给了每个参与游戏的人一夜暴富的无限遐想。可能玩过乐透的人都会注意到，在体彩和福彩乐透摇奖的直播现场，都会有两个公证人员监督摇奖过程的合法性，证明开奖过程没有舞弊。这是非常必要的，因为乐透如果舞弊，这件事本身就会变得毫无意义，也会打碎所有参与者的梦想，大家都会知道，幸运不会降临。

那资管行业呢？我们用辛苦挣到的钱购买银行理财产品、基金、信托等，把钱委托给资管机构打理，但我们不知道它们投资了些什么？这些资产赚了多少钱？资管机构是不是从中拿走了钱？想想还真是让人不放心。其实在《证券投资基金法》颁布之前，在20世纪90年代，也有很多“老基金”，基金的初衷都是好的，但因为缺乏有效的监管和监督，有些基金发生了暗箱操作的行为，也有卷款跑路的情况发生。这种现象在证券公司资产管理业务初期屡屡发生，使许多投资者蒙受了巨大损失。怎么办呢？

英国人在1868年成立第一只共同基金时，就配套引入了一种制度——资产托管制度。当时英国人菲利浦·罗斯（Philip Rose）在英国设立了海外殖民地政府信托基金，由英格兰银行担任这只信托基金的托管银行，英格兰银行也是公认的全球最早的托管银行。

这个托管制度是什么呢？这个制度引入银行这类专业机构作为第三方，所有基金募集的资金，都要进入托管人开立的专用账户。如此一来，这些资金和资产管理人形成了有效的隔离，资产管理人就没办法直接控制这些资金了。那资产管理人怎么运用这些资金呢？比如要做一笔投资。资产管理人会发送投资划款指令给托管人，比如告诉托管人今天我要买某只股票，清算款是3 418.16万元，托管人会查看一下这只股票是不是符合基金合同的要求，有没有超过投资比例，如果核查无误，就会执行这个指令。而在资产管理人卖掉股票时，资金也会原路返回托管人为基金开立的专用账户。托管机制使资产管理人自始至终都碰不到真金白银，所以从根本上隔绝了资产管理人卷款跑路的可能性。

不止于此，托管人还会对开放式基金在每个交易日进行估值。

这样做是为了防止资产管理人明明投资获得了20%的收益，却只想拿出10%来给投资者分红。既然钱都是托管人划的，托管人自然拥有所有的交易记录，买了什么资产、盈亏多少钱，托管人一清二楚。资产管理人每日在对投资收益进行测算后，需要与托管人复核，两方核对一致，才能对外公布基金净值。这样做一方面防止了资产管理人主观舞弊，另一方面也避免了客观计算差错。

还没完哟，托管人还会监督资产管理人有没有按照法律法规与合同约定进行投资。比如一只债券基金在合同中约定对股票投资的比例限制不得超过基金资产的20%，在投资过程中，如果管理人突然要用大额资金购买一只股票，购买后基金投资股票的比例将达到23.6%，托管人就会向资产管理人发出提示或警告——你的投资比例超限了。如果管理人执意要投，托管人可以拒绝执行指令，也可以向监管机构报告。

因此，托管人的存在，大大保障了资管行业各类产品的安全性，托管人时时刻刻都在监督着资管产品的每一笔交易，守护着投资者的每一分钱。就像乐透开奖的公证人员一样，他们所守护的，更是千万人心中那份关于财富的梦想。

第十一章

# 有关资管的几个问题

## 风险越大，收益越高吗?

风险越大，收益越高，这个说法对吗?

不对。正确的说法应该是：风险越大，预期收益越高。

一位投资者选择投资风险波动比较大的资产进行投资，如在股票型基金和债券型基金之间选择前者，那么他一定会对股票型基金有更高的收益预期，但不代表结果就会如此。在很多年份，债券型基金收益率会超过股票型基金。很好理解，就像我们认为一个每晚平均花 4 个小时学习、长期在班级排名前三的高中生会比一个每晚平均花 1 个小时学习、长期在班级排名中游的高中生更有希望考入一流大学一样。但这只是预期，是一种大概率的可能性，最终有可能每晚平均花 1 个小时学习、长期在班级排名中游的高中生在高考前突击 3 个月，考上重点大学，而每晚平均花 4 个小时学习、长期在班级排名前三的高中生因为过度紧张只考取了一所普通的大学，这也是有可能发生的。所以风险和收益本身并不是成正比的，风险是和预期收益成正比的。

预期收益是什么？是你期望通过投资赚取的收益。人们对投资的预期收益来源于常识、经验、历史情况和别人的建议等，人们会知道股票比债券的价格波动性更大，所以对投资股票的预期收益就会更高，因为只要在股票价格达到预期时把它们卖掉，就可能获得预期收益。风险是什么？是目标与结果之间的不确定性，也可以说是预期收益和实际收益之间的不确定性。

结果与目标之间的波动范围越大，结果就越难以确定，于是风险也就越大，最终的结果可能落在波动中的任意一个点。反之，结果与目标之间的波动范围越小，结果就越容易确定，风险也就越小。比如，股票之所以风险大，是因为股票价格波动的区间大，每天都可能上涨 10% 或下跌 10%。相比之下，债券的价格波动区间就会小很多，因为债券的票面收益是确定的，债券的价格波动会随着久期的缩短不断地收窄，最终无限接近票面实际收益。所以，股票与债券相比，风险更大。人的期望总是美好的，在投资波动性更大的股票时，有理由期望自己能够在价格波动到高点时卖出，获得高收益；而在投资于波动性相对较小的债券时，人们的期待也仅限于债券价格在有限波动的范围中走到高点，卖出债券获得收益。然而股票和债券因为波动范围差距悬殊，预期的高点自然也就相差悬殊。因此，股票的风险比债券高，人们对股票的预期收益也会比债券高。

最终，决定投资结果的是判断力和很大的运气成分。运气没什么好讲的，太玄妙。而判断力就是投资能力，是基于专业、学识、经历、性格等多种因素的综合。这也是为什么我们要选择专业的资产管理机构进行投资的价值所在。

## 关于成本法和市值法的选择

所有公募基金，都会在每个交易日终核算并公布净值，以便投资者按照净值申购和赎回，或者了解自己所投资的基金的盈亏情况。然而，对于大多数货币基金，每天的单位净值却一直恒定在 1 元，保持不变，但是会额外多出一个变动指标，就是万份收益。为什么股票型和债券型基金的净值每天都在波动，而货币基金的净值却恒定不变呢？这是因为管理人对它们采用了不同的估值方法。每日净值变动的，采用的是市值法估值；而每日净值不变的，采用的是摊余成本法估值。

我们先来看一家西点店的例子。一家西点店供应可颂面包，店家可以在每月月初根据本月采购的原材料数量和价格，来确定本月供应可颂面包的数量与价格，例如供应 5 万个可颂面包，每个可颂面包单价 9 元，在这个月内不变。到月末，只要面包都卖完了，店家就能赚到预期的收益。还有一种方法，就是店家每天根据前一天可颂面包的销量调整第二天可颂面包的价格，如果前一天可颂面包供不应求，那么第二天单价就可以调整到 9.5 元；如果前一天可颂面包没有卖完，那么第二天单价就调整到 8.5 元。最后，这两种方法会导致最终盈利的不同。第一种类似摊余成本法，第二种类似市值法。

如果我们以 100 万元投资一只 1 年期、年化利率 5% 的债券，可以在 1 年后拿到 5 万元的利息。那么每天的收益是多少呢？我们可以直接将 5 万元的收益摊余到每一天，也就是 5 万元 ÷365 天 = 136.99 元 / 天。这就是摊余成本法，采用这种估值方法，我们可以认为债券每天的收益是 136.99 元。但是如果我们在半年时急迫地需要资金，在市场上以 102 万元的价格卖掉这只债券，那么每天的收益还是 136.99 元吗？显然不是了，因为我们出售债券的价格与债券实际的收益发生了偏离，出售债券的价格取决于当时债券市场交易参与者对价格的判断和资金的松紧。那么如果我们在持有债券期间可能会将其卖掉，应该如何计算净值呢？这时就要用到市值法，按照债券每天的市场价格来估算债券每天的收益。其实际意义就是，每天计算一次以当天的市场价格卖掉这只债券，收益会是多少。

那什么时候应该用摊余成本法，什么时候用市值法呢？最简单的判断是，如果能确保资产持有到期，而收益是确定的，则无论在这期间资产的市场价格如何波动，都不会影响你持有资产的到期收益。在这种情况下，采用摊余成本法估值更为稳定；而如果采用市值法，净值会上蹿下跳，却没有任何实际意义。但是，如果你持有资产是为了交易，也就是逢高卖出获利，那么采用市值法显然更能够反映资产的真实价格；如果采用摊余成本法，就会造成价格的偏离。

对于股票和债券基金而言，通过交易获利是基金收益的主要来源，每天资产的价格波动比较大，所以采用市值法更合适。而对于风险较低的货币基金，它更像一个现金管理工具，所投资的资产久期普遍较短（资产的市场价格会随着久期的缩短无限接近票面收益），因此采用摊余成本法更有利于基金的稳定性。

## 该看万份收益还是 7 日年化收益率?

在购买货币基金的时候，会有两个指标，一个叫万份收益，一个叫 7 日年化收益率。这两个指标该看哪个呢?

该看哪个，要取决于你看的目的。万份收益是持有货币基金每天所产生的实实在在拿到手的收益，7 日年化收益率是测算出来的近 7 日平均收益率。

如果要查看已持有货币基金的盈亏情况，应该看万份收益，它代表了每一万份货币基金每日赚了多少钱，比如万份收益是 1.0416，就代表当天每一万份货币基金赚了 1.0416 元，如果持有 20 万份货币基金，当日收益就是 20.83 元。

如果你还没有购买货币基金，希望选一只收益较高的产品购买时，则应该参考 7 日年化收益率。因为在摊余成本法下，万份收益的波动比较大，有可能因为当天出售了一只市场价格较高的债券，导致当日实际收益突然提高。虽然当日拿到手的收益很不错，但并不代表这只基金每天都能有这么高的万份收益，所以万份收益对于选基而言是没有太大参考价值的。7 日年化收益率其实是把过去 7 天的万份收益进行平滑，算法很简单：

7 日年化收益率 =（过去 7 天万份收益总和 ÷7）×365÷10 000

7 日年化收益率还便于我们将货币市场基金与其他产品的收益进行横向比较，别看货币基金属于低风险产品，有时候其收益不容小觑。货币基金收益率的背后是货币市场利率，在资金趋紧的时候，货币基金的收益可能在短期内大幅提高。在有些资金偏紧的年份，货币基金的收益很可能超越股票和债券基金。

7 日年化收益率可能与万份收益出现不同的结果。比如，一只货币基金某日的 7 日年化收益率是 3.108%，万份收益是 1.2094 元，但是只按照当日的收益计算年化收益率则会是 4.414%，高出了 7 日年化收益率不少，而用 7 日年化收益率呢，又不能准确地反映当日的实际收益。因此，记住这个口诀："持有看万份，选基看 7 日"，就不会错了。

## 久期是什么？

虽然股票的风险和预期收益都比债券要大，但放眼全球，如果不算买国债并持有到期这种简单的债券投资，做股票交易的个人投资者要远远多于做债权交易的，为什么呢？因为相对于股票的低买高卖，债权投资的专业门槛非常高，想入门还是比较难的。当你面对市场期限不同、票面利率不同、付息方式不同的各种债券，怎么买？持有之后，当市场利率出现波动，手中的债券又当如何卖？不具备专业知识的话，就会一脸茫然了。

经常健身的人都会关注一个数据，就是体脂率。体脂率是人体脂肪含量占身体体重的比率，可以通过体重和腰围计算得出，也可以通过 BMI 计算得出，还可以通过带有金属感应装置的体脂称直接测得。身高、体型不同的人可以通过这一项数据对肌肉和脂肪情况进行直接比较，只要知道体脂率，就能直观地判断一个人隐藏在衣服里的是大肚腩还是漂亮的腹肌，在医学上也有一定的参考作用。面对各种不同指标的债券，是不是也能有一个类似体脂率的指标呢？还真有。

1938 年经济学家麦考利（F.R.Macaulay）发明了一个概念——久期。久期这个概念是固定收益领域投资的一个“神器”，可以称之为债券的“体脂率”。它以债券到期时间为基础，叠加了票面利率、付息方式和市场利率，综合形成一个指标，表示债券的平均还款期限，以便把各种不同属性的债券平摊到一个维度上进行直接比较。

举个简单的例子来说明。你的同事要管你借 1 万元钱，期限 3 年，有 8% 和 10% 两种利率供你挑选，你如何选择？你当然会选 10% 的年利率，因为收益更高。如果年利率确定是 10%，付息方式不一样，第一种是 3 年到期一次性支付本金和利息；第二种是每年付息一次，到期还本；你如何选择？你会选第二种，因为可以更早拿到利息。但是该如何解释这种选择呢？最简单的办法就是久期，第一种方式的久期是 3 年，第二种方式的久期是 2.74 年，久期越短，对债券的持有方越有利。如果能每月付息，到期还本，久期会进一步缩短到 2.61 年，显然就更加有利了。

久期怎么算呢？这个问题其实不必纠结，因为市场上的很多资讯机构会给出债券的久期，专业的投资机构也都有久期计算器，Excel 软件里也有久期的函数，都可以轻松获得一只债券的久期。如果一定想知道久期是怎么算出来的，可以看一下麦考利久期的公式：

$$\frac{\sum_{t=1}^{n}\frac{t\times \text{每次付息金额}}{(1+\text{收益率})^{t}}+\frac{n\times \text{债券面值}}{(1+\text{收益率})^{n}}}{\text{债券价格}}$$

在实际投资中，久期如何应用呢？久期越短，市场利率变化对债券的影响就越小，持有债券的风险就越低；反之，久期越长，债券对市场利率的敏感性就越高，风险越高。于是，在预期市场利率将会下跌时，就应该考虑买入具有较长久期的债券；在预期市场利率会上升时，就应该考虑购买较短久期的债券。

## 资管产品的分级

在残酷的战争中，当完成一项战术任务或者收到命令需要撤退时，面对敌方的猛烈追击，为保护大部队，总要有人进行断后。断后部队会跟敌人短兵相接，而且都是以少战多，直到确认大部队安全撤离，断后部队才能撤退。断后部队的结果一般有两种：要么活下来全身而退，回到大部队立大功；要么战死沙场、全军覆没，牺牲自己成为大部队的盾。

这种“你先走，我掩护！”的模式，其实在金融产品里也是存在的，我们称之为分级产品，或者结构化产品。这类产品会在投资时分成多个层级，以最简单的两层结构为例，产品会分为优先级和劣后级（次级），优先级就是要受到保护的大部队，而劣后级就是掩护大部队撤退的断后部队。优先级大部队的要求是安全，而断后部队有可能立大功，也有可能为之牺牲。

金融产品中的优先级与劣后级是一对互补的主体，通过预先设定好的收益和风险，进行最终的投资分配。优先级面对的是风险厌恶型投资者，通过结构化安排锁定本金安全和一个相对较低的固定收益率，其收益的保障实质上来自劣后级。劣后级面对的是风险偏爱型投资者，劣后级会在优先级分配完本金和收益之后，获得产品余下的所有收益。如此一来，只要产品收益能够覆盖优先级约定的收益，就会使劣后级用较少的资金撬动较大的收益，但同时劣后级也承担着巨大的风险。优先级和劣后级的资金比例被称为杠杆。

举个例子来说明。一个信托项目额度为 4 亿元人民币，期限 1 年，预期收益率为 12%。信托公司对信托计划进行分级，优先级是 3 亿元，收益率是 6%，劣后级是 1 亿元，那么杠杆就是 1：3。1 年后如果项目到期，收益如期兑付，则应该这样分配收益：

优先级收益：3 亿元 ×6%=1 800 万元

劣后级收益：4 亿元 ×12%–1 800 万元 =3 000 万元

劣后级的实际投资收益率：3 000 万元 ÷1 亿元 =30%

劣后级通过杠杆以小博大的效果得到了充分体现，一个预期收益率为 12% 的项目通过结构化安排，收益率被放大到 30%。如果把杠杆放大的 1∶6 会如何呢？劣后级的收益率将被放大到 44%。但是，如果上述项目的运作出现问题，到期无法如期兑付收益，会发生什么呢？我们假设一个不太坏的情况，到期本金兑付，收益率为 0，在 1∶3 的杠杆下应该这样分配收益：

优先级收益：3 亿元 ×6%=1 800 万元

劣后级收益：4 亿元 ×0%–1 800 万元 =–1 800 万元

劣后级的实际投资收益率：–1 800 万元 ÷1 亿元 =–18%

此时相当于劣后级完全垫付了优先级的收益，自身发生了 18% 的亏损。这种情况还不是最坏的，如果项目本金发生亏损，则劣后级需要首先保障优先级的本金安全，加上杠杆效应，很可能分文不剩。

在分级安排下，是否优先级就绝对安全呢？也不是。当劣后级被“归零”之后，就轮到优先级亏损了。就像战场上，断后部队如果被敌人全歼，后方没有了防守，敌人就会追上优先撤退的大部队并展开屠杀，这也许是最可怕的情形。

分级产品其实是一种非常常见的存在，在公募基金中也有很多分级产品，叫作分级基金（structured fund）。分级基金会把母基金拆分成 A 类份额（通常为优先级）和 B 类份额（通常为劣后级），并按照一个约定收益率对两级进行分配，约定收益率通常是以央行公布的定期存款利率加点或乘点得出（比如：1 年定存利率 +1.5%，或 1 年定存利率 ×1.3）。

其实分级游戏的本质是一场关于风险的游戏。时间与波动是市场永恒的主题，老实的投资者通过时间收获利润，而投机者则是在波动中对赌并寻求利润。劣后级的实质是放大波动，颇有些在资本市场上刀头舔血的豪气与疯狂。在本书前文所提及的伞形信托，其实也是一种类似的结构化安排，融资方通过杠杆获得高额资金，而这部分优先级被包装成信托产品在银行等渠道销售。产品通过设定清仓安全线控制风险，这个游戏的终点就是劣后级爆仓出局。

## 你需要了解庞氏骗局

庞氏骗局是以查尔斯·庞兹（Charles Ponzi）的姓氏命名的骗局。庞兹出生在意大利，1903 年移居美国淘金。庞兹从事过各种工作，他为了赚钱无视法律的存在，曾因伪造罪入狱，后又因走私人口二度入狱。

在经历了“丰富多彩”的前半生之后，庞兹在他 37 岁那年设计了一个超级投资计划，他相信这个计划将使他的后半生成为富豪。他在美国波士顿向公众发布了他的投资计划，宣称这个计划主要通过美国与欧洲之间的货币与市场信息不对称牟取差价，可以获得暴利，3 个月的投资收益率为 40%，相当于年化 160% 的投资收益率。这个数字高得吓人，其实略懂金融常识的人都会对这种产品产生疑问，对于一个充分竞争的市场，几乎不可能存在这样的机会。但毕竟有人相信了。庞兹募集到了第一批资金，在第一批资金至 3 个月到期时，庞兹兑现了承诺，将本金连同 40% 的收益返还给了投资者。市场沸腾了，这些投资者又把本金连同收益交给庞兹，继续投资于他的计划，并推荐给亲朋好友也来投资。庞兹的投资计划不断壮大，他也非常守信用地将自己承诺的收益全部兑现，投资者迎来了自己的狂欢。不到一年，庞兹投资计划的投资者达到 4 万人，募集资金超过 1 500 万美元。资金像小溪汇入大海一样源源不断地灌入庞兹的投资账户，他凭借着这一投资计划，成功使自己成为超级富豪，享受着当时美国上流社会的奢侈生活。庞兹几乎成为投资之神，被美国人尊为与发现新大陆的哥伦布和发明无线电的马可尼齐名的“最伟大的三个意大利人”。

很多人都会疑惑，他到底投资了些什么，居然能够兑付如此高额的收益？甚至连一些当时的金融从业者都很好奇，因为专业人士都以为他是个骗子，却没想到居然持续地兑现着高额投资收益，并不断扩大着他的“管理资产”规模。但这一宏伟的投资计划仅持续了一年多就崩塌了，庞兹也破产了。其实，庞兹根本没有拿投资人的钱去做任何投资，他只是用新募集的资金去支付上一期产品到期的回报，只要后续的资金能够不断涌入，这个雪球就能越滚越大。但是，一旦流入的资金不足以覆盖之前到期的本金与收益，这个投资计划就会崩溃。

庞兹的投资计划曝光之后，他被捕入狱，蹲了5年大牢。令人震惊的是，他出狱后居然重操旧业，又上演了几次这种空手套白狼的骗局，以至于多次入狱，最终被驱除出美国。此后，这种以新偿旧的骗术就被称为“庞氏骗局”。

庞氏骗局在世界各国都曾上演，在中国也出现过。所以在选择资管产品时，务必要识别资产管理人是否为持牌机构，是否合法。

## 海外资管行业发展史

### 寻祖溯源

资产管理行业诞生于欧洲，壮大在美国。

1774年，荷兰的一位商人阿德里安·范·凯特维奇（Adriaan Van Ketwich）向众多投资者筹集资金，成立了一只名为“众志成城”（Eendragt Maakt Magt）的信托投资基金。这只基金被认为是世界上第一只投资基金，主要投向多个海外市场的主权债和企业债。

1868年，菲利普·罗斯（Philip Rose）在英国募集设立“海外和殖民地政府信托”（The Foreign & Colonial Government Trust），这只信托基金首次通过契约的形式明确了各方当事人的权利和义务，也因此被认为是世界上第一只契约型基金。

1918年，第一次世界大战结束。这场持续4年的战争使欧洲走向衰落，却使美国崛起。1924 年，“马萨诸塞投资者信托基金”（Massachusetts Investors Trust）在美国波士顿成立，这是全球第一只公司型开放式共同基金。“马萨诸塞投资者信托基金”由哈佛大学的 200 名教授出资 5 万美元设立，在设立的第一年合计募集了 32 000 份单位信托份额，总计价值 39.2 万美元。管理机构是“马萨诸塞金融服务公司”（Massachusetts Financial Services，简称 MFS）。与之前设立的基金相比较，“马萨诸塞投资者信托基金”的特殊性在于基金公司必须按基金的资产净值持续出售份额给投资者，同时投资者也可以按基金的资产净值赎回他们手中的基金份额，也正是基于此，“马萨诸塞投资者信托基金”被认为是世界上第一只开放式投资基金。

“马萨诸塞投资者信托基金”开放的不只是份额的申购与赎回，也开辟了信托基金“白箱操作”的先河。起初该基金投资于 19 只蓝筹股票、14 只铁路股票、10 只公用事业股票以及 2 只保险公司股票，所有的信息均予以披露。这与当时大多数“暗箱操作”的封闭式基金相比，实现了本质的改变。而且，出于应对份额赎回的需要，使得“马萨诸塞投资者信托基金”必须保留一定的现金资产应对赎回，而不能满仓操作，这也使得“马萨诸塞投资者信托基金”在 1929—1932 年的美国经济大萧条中幸存下来。

### 监管立法

1929 年的美国股市大崩盘暴露了私募基金的诸多问题，包括不按限制比例投资、私自放大杠杆和利益输送等。1933 年，美国国会制定了《格拉斯－斯蒂格尔法案》，把商业银行与证券投资活动彻底隔离。“马萨诸塞投资者信托基金”成为第一只依照 1933 年美国《证券法》注册的基金。到 20 世纪 50 年代末，该基金一度成为全球资产规模最大的基金。

《1934 年证券交易法》的出台，使美国证券投资走上了强监管的道路，该法案创建了美国证券交易委员会，赋予其执行联邦证券法的职责，以保护投资者利益。此后，《1940 年投资公司法》发布，资产管理行业在美国进入一个长达 30 年的蜜月期。这期间，共同基金取代封闭基金成为资管行业规模最大的核心产品，美国的基金持有人数从 30 万增至 1 000 万，基金数量从 68 个增至 361 个，管理资产从 4.5 亿美元增长至 480 亿美元。

### 货基时代

1944 年，第二次世界大战进入尾声，美元通过布雷顿森林体系建立了一个新的国际货币秩序，确定了美国的金融霸权。蜜月期过后，在 20 世纪 70 年代，美国经济开始滞胀，布雷顿森林体系瓦解，股市陷入长期熊市。美国的股票型共同基金规模从 1972 年的 560 亿美元缩水到 1974 年的 310 亿美元。由于通货膨胀，当时美国的贷款利率高达 10% 以上，而存款利率却受限于因联邦银行规章 Q 规定的 4.5% 利率上限，两者之间出现了巨大的获利空间，短期国债收益率明显高于存款利率。此时，货币基金因为收益可观规模迅速膨胀，从 1974 年不到 20 亿美元的规模快速增长到 1982 年的

2 350 亿美元，超过了股票型和债券型共同基金的规模总和。

### 混业经营

1981 年，美国开始对商业银行发放投资顾问牌照，商业银行也可以发行和管理共同基金。于是，商业银行加入资产管理行业，利用其优势，把传统的存贷款业务、投资银行业务和理财顾问业务进行融合，为客户提供多样化的理财产品。很多商业银行甚至卖掉了传统的重资本业务，开始以资产管理业务以及与之相关的资产托管业务为核心业务，重新选择了发展方向。商业银行开始与证券公司和保险公司一并在资产管理行业中切分蛋糕，并不断发展。这个时代也是美国金融的混业经营时代。

### 井喷时代

自 1982 年至 2000 年，美国股票市场掀起了一波持续时间长达 18 年的超级大牛市。在此期间，纳斯达克市场创立，指数从 237 点一路冲到 5 132 点，涨幅高达 20 倍；标准普尔 500 指数的平均年化回报率达到 19.7%。这一次超级大牛市使美国资产管理行业的发展势如破竹，各类资产管理产品呈现出你方唱罢我登场的局面。共同基金和对冲基金在这个时代快速成长，401（k）条款的实施，使美国的养老基金形成了国家养老体系的第三支柱，个人退休计划源源不断地为共同基金输送血液，造就了美国的一个资管井喷时代。

此后，各类成本较低的被动型 ETF 蔚然成风。截至 2016 年，美国资管总规模超过 30 万亿美元，其中共同基金资产规模达到 16.3 万亿美元，ETF 达到 2.5 万亿美元。

最后，我们通过表 11–1，看看全球资产管理规模最大的 20 家资管机构，有几个是你耳熟能详的呢？

表 11–1　全球资产管理规模最大的 20 家资管机构

| 排名 | 机构名称 | 中文名称 | 国家 | 资管规模（10 亿美元） | 数据日期 |
|---|---|---|---|---|---|
| 1 | BlackRock | 黑石 | 美国 | 6 288 | 12/31/2017 |
| 2 | Vanguard Group | 先锋集团 | 美国 | 4 900 | 12/31/2017 |
| 3 | UBS Group | 瑞银集团 | 瑞士 | 3 101 | 09/30/2017 |
| 4 | State Street Global Advisors | 道富投顾 | 美国 | 2 800 | 12/31/2017 |
| 5 | Fidelity Investments | 富达投资 | 美国 | 2 448 | 09/30/2017 |
| 6 | Allianz Group | 安联集团 | 德国 | 2 268 | 09/30/2017 |
| 7 | J.P. Morgan Asset Management | J.P. 摩根资管 | 美国 | 1 900 | 09/30/2017 |
| 8 | BNY Mellon | 纽约梅隆 | 美国 | 1 800 | 09/30/2017 |
| 9 | PIMCO | 太平洋投资 | 美国 | 1 690 | 09/30/2017 |
| 10 | Amundi | 东方汇理 | 法国 | 1 652 | 09/30/2017 |
| 11 | Capital Group | 美国资本集团 | 美国 | 1 600 | 06/30/2017 |
| 12 | AXA Group | 安盛集团 | 法国 | 1 405 | 09/30/2017 |
| 13 | Credit Suisse | 瑞士信贷 | 瑞士 | 1 387 | 09/30/2017 |
| 14 | Prudential Financial | 保德信金融 | 美国 | 1 366 | 09/30/2017 |
| 15 | Morgan Stanley | 摩根士丹利 | 美国 | 1 300 | 12/31/2016 |
| 16 | Legal &General Invest. Management | 法通保险 | 英国 | 1 282 | 06/30/2017 |
| 17 | BNP Paribas | 法巴银行 | 法国 | 1 230 | 09/30/2017 |
| 18 | Goldman Sachs | 高盛 | 美国 | 1 128 | 09/30/2017 |
| 19 | Northern Trust | 北美信托 | 美国 | 1 100 | 09/30/2017 |
| 20 | Wellington Management Company | 惠灵顿管理公司 | 美国 | 1 021 | 06/30/2017 |

资料来源：Banks around the world 网站（https://www.relbanks.com/）。

## 第十二章

# 如何配置你的资产

人们进行投资和理财规划，都是为了更好地生活。资产管理行业就是为了帮助人们实现这个美好的目标而存在的。

生活不止表面的美好，也有背后的艰辛。同样，市场不只有收益，也伴有风险。就像一棵树，地上的树干和枝叶越高大、越茂盛，地下的盘根就会扎得越深。参天大树为了沐浴更多的阳光，就需要深入更恐怖的黑暗。投资，可能使生活变得更美好，也可能不慎倾家荡产。全球各个国家的股市崩盘，往往也伴随着投资人“一跃而去”。因此，进行投资之前，投资者首先要管理好自己的心态，而后要结合自己的生活情况和资金使用情况做好规划，合理地配置自己的资产。

本书介绍了很多资产管理产品，这些产品都是资产配置的工具，但是特点不同、门槛不同、风险不同，预期收益也不同。为了更直观地比较各类产品的特点，我们不妨把这些产品放到一个平面进行比较，详见图 12–1 所示的这幅气泡图，横向是产品的投资门槛，从左向右递进；纵向是产品的风险，从下向上递增；气泡的大

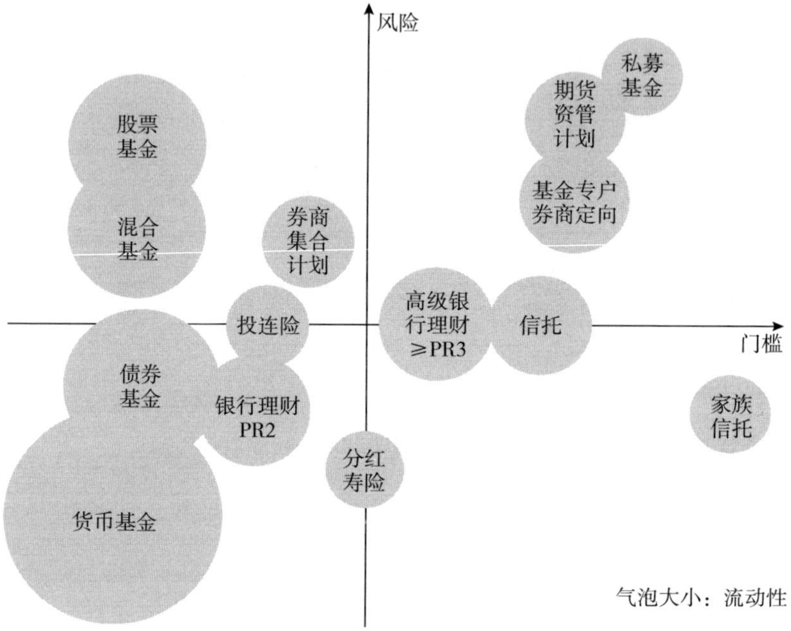


图 12-1 各类资管产品的直观比较

小代表了产品的流动性，气泡越大，流动性越强。

具体到每一个人的资产配置，或许并没有一个万能的公式，毕竟千人千面。不过合理的资产配置一定要适合每个人或家庭的具体情况。我们不妨将资管产品分为四个大类（其中包含非资管产品）：

第一类是现金类产品，包括活期存款、货币基金、货币理财等。这类产品的特点是流动性很强，风险很低，基本可视为现金，这类产品是日常生活的基本保障，用于短期的支付和结算。现金类产品的多少，直接决定了个人的生活体验。

第二类是保障类产品，包括保险、年金（个人缴纳部分）、定期存款等，家族信托也属于这一类。这一类产品主要是为了应对突发事件或用来长期投资及养老的，属于长期配置。寿险就非常适合作为这类产品来进行配置。但保险的比例不应过大，否则会对现阶段生活产生过大的压力，同时保险未必能够抵抗通货膨胀。保险的保额与家庭一年的总收入水平相当即可，这样能够保证一旦不幸来临，在一年左右的时间里生活不会受到显著的冲击和影响，而多数疾病在一年内是可康复的。

第三类是固定收益类产品，包括银行理财产品（PR2~PR3级）、债券型基金、债券型券商集合计划以及一些分级资管产品的优先级，也包括投资于信托贷款的信托产品。这一类产品的主要功能是实现资产的稳健增值，属于中期配置。这类产品可以用于几年内的结婚、子女教育、购房、购车等需求，非常适合作为资金积累过程中的载体。

第四类是权益类产品，包括各类涉及股票市场、期货市场以及股权类资产的投资，比如混合型和股票型基金、各类权益投资资管计划、私募股权基金等。这一类产品是用来博取高收益的，但也会伴随着一定的风险。

具体到每一类资产的配置比例，要根据自己的收入结构和资产状况决定。比如，30岁、月薪2万元的外企经理小赵，和45岁、年薪200万元的上市公司业务总监老陆，两个人的资产配置必然是不一样的。在这里我们不讨论房贷，因为房贷的偿债能力是与资产成正比的，小赵负担得起每月5 000元的房贷，老陆也负担得起每月 5 万元的房贷，我们姑且忽略。对于小赵来说，他每月需要保持账户上有至少 3~4 万元的现金类资产（比如余额宝或微信钱包中的货币基金），以应对日常开销和信用卡还款；然后配置保额 30 万元左右的保险，每年保费将近 1 万元；剩下的资产可以分配到固定收益类与权益类的理财产品中。而老陆，出于生活质量、子女教育、太太购物和物业费等日常支出，生活开支会比小赵大得多，可能需要至少 15 万元的现金类资产；老陆的保险额度在 200 万元，每月保费也会是数万元；剩下的资产，会配置到信托、银行理财产品、私募基金、基金专户等产品上，如果老陆投资经验丰富，他也会较多地选择权益类产品。如果用图形来描绘他们两个人的资产配置，小赵的会是“金字塔”形，而老陆的会是“倒金字塔”形，详见图 12-2。

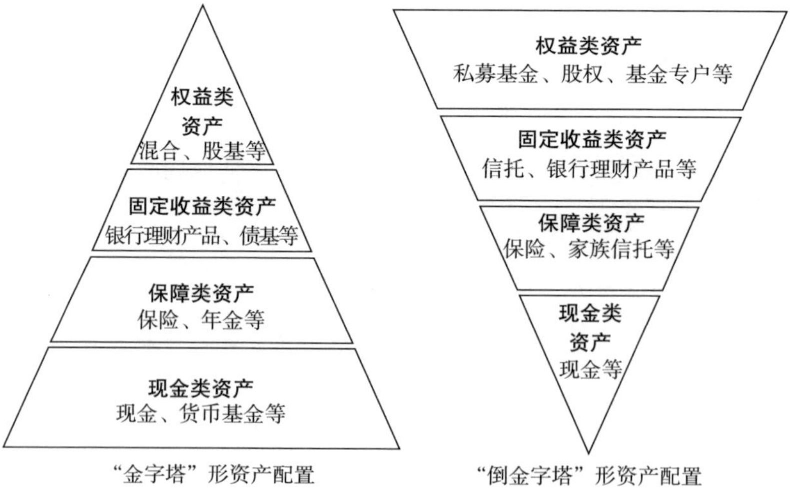


图 12-2　两种不同类型的资产配置

为什么会呈现两个完全相反的图形呢？假设剔除房产，小赵的可支配总资产大概是 15 万元，而老陆的可支配总资产大概是 1 500 万元。4 万元的现金类资产在小赵的资产配置中占比接近 30%，而 15 万元的现金类资产在老陆的资产配置中仅占 1%。其实人们用于生活的成本并没有那么大的差异，便宜的面包和昂贵的面包价格差不出 3 倍，真正的消费在于日常用品和奢侈品之间的巨大鸿沟。可支配总资产越少，越应该将资产偏重配置到日常生活与保障，在力所能及的情况下再配置投资性资产；可支配总资产越多，日常开销的占比就越显得微乎其微，所以富裕人群对高风险、高收益的资产会更加青睐，比如信托、私募基金等。同样是高风险产品，一旦发生亏损，可能损失 50 万元对老陆而言不算什么，不影响他的生活；而 50 万元的损失对于小赵而言，就足以给他的生活带来影响了。

所以，调整好自己的心态，理清自己的资产状况，明白自己的投资需求，而后把专业的事情交给专业的人去做，合理地将资产分配到各类资管产品中，才会使你的生活更美好。

希望在发现生活之美的同时，资管这件事儿也能够让你觉得有趣。

# 后记

特以此书献给我挚爱的 Grace。

这本书是我完全利用工作之余的时间撰写的，尤其是 2019 年的元旦、春节和节假日，我一直在夜以继日地写作。因此牺牲了很多原本应该给予家人的陪伴，尤其是我的大女儿 Grace，以及还没出生的第二个宝宝。感谢你们的理解与支持，才有了这本书。

希望通过这本书，让更多的朋友更好地了解资管，积累更多的财富，带给你们的家人更多幸福美好的时光。